Christoph Biemann

Christophs Experimente

Gestaltet und illustriert
von Hildegard Müller

Carl Hanser Verlag

Inhalt

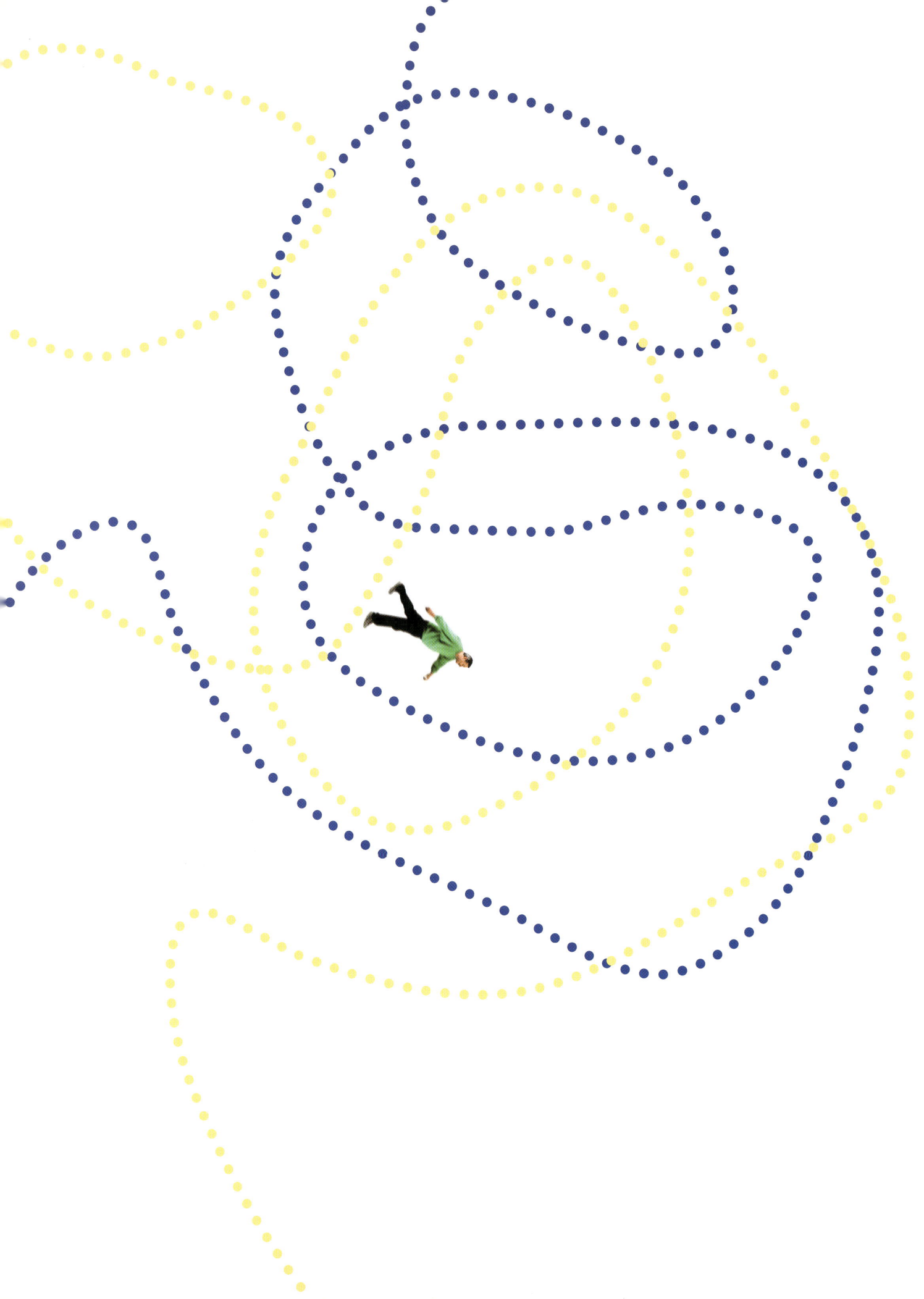

Das **Leben** ist **ein** E**x**periment

Als mein Sohn Lukas drei Monate alt war, haben wir über seinem Bett ein Mobile aufgehängt. Schnell entdeckte er, dass die Schafe an dem Mobile lustig tanzten, wenn er dagegen schlug. Sein erstes Experiment.

Bis es einen Menschen geben konnte, hat die Natur auf der Erde viele hundert Millionen Jahre experimentiert. Von den ersten Einzellern über Wasserpflanzen, Würmer, Insekten, Fische, Vögel, Säugetiere. Man muss nur mal in einen Zoo gehen, in einen botanischen Garten oder ein Aquarium, um zu entdecken, zu welch vielfältigen Ergebnissen die Natur bei ihren Experimenten gekommen ist. Wie wir heute wissen, wurde der Bauplan der Lebewesen mit einer Sprache weitergegeben, die mit nur vier Zeichen auskommt. Dieser Bauplan ist auf Fäden aufgeschrieben, die in jeder Zelle jedes Lebewesens zu finden sind: die Gene.

Bis sich ein Lebewesen durch Veränderung der Gene weiterentwickelt, dauert es oft tausende von Jahren. Nachdem die ersten Menschen ihr erstes Werkzeug, einen Faustkeil aus Feuerstein, entdeckt hatten, dauerte es wieder einige tausend Jahre, bis ein zweiter Typ Werkzeug entdeckt wurde. Aber dann ging es viel schneller weiter. Man vermutet heute, weil die Menschen gelernt haben zu sprechen. So konnten sie die Ergebnisse ihrer Experimente weitergeben.

Lukas hat inzwischen viele Experimente gemacht: Was passiert, wenn ich den Finger in Mamas Nase stecke? Wie lange muss ich schreien, bis Papa kommt? Wie lange darf ich die Töpfe aus dem Schrank räumen, bis jemand schimpft? Was passiert, wenn ich einen Teller auf den Boden werfe? Und so weiter; es sind die Experimente, die alle Kinder machen müssen.

Wie selbstverständlich nimmt Lukas heute die Fernbedienung in die Hand und schaltet den Fernseher ein. Er ahnt nicht, wie viele tausend Experimente notwendig waren, damit er das tun kann. Von einigen dieser Experimente und den Menschen, die sie gemacht haben, möchte ich in diesem Buch erzählen. Welche Freude das Experimentieren bereitet, kann aber nur entdecken, wer selbst experimentiert. Anregungen zu vielen spannenden Experimenten, die man leicht mit dem machen kann, was in einem ganz normalen Haushalt zu finden ist, gibt es in diesem Buch jede Menge.

Viel Spaß dabei wünscht

Experimentieren hat etwas mit Lernen zu tun. Lernen können nicht nur Menschen. Auch andere Lebewesen können lernen. Sie müssen lernen, um zu überleben. So haben die Tiere gelernt, bestimmte Früchte zu suchen und andere, unbekömmliche und giftige, zu meiden. Auch die ersten Menschen mussten herausfinden, welche Pflanzen unbekömmlich oder giftig sind. Wie konnten sie das tun?

Durch Ausprobieren oder durch Beobachtung. Wenn sie sahen, dass Vögel Früchte mieden oder Insekten starben, wenn sie davon aßen, war das schon ein Anhaltspunkt.

Überleben lernen

Wie muss ein Werkzeug gemacht sein und wie benutzt man es am besten?

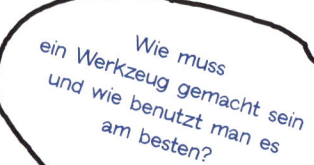

Vom Umgang mit Werkzeugen

Werkzeuge werden nicht nur von Menschen verwendet. Bei den Tieren sind die Werkzeuge aber nie mit Bedacht hergestellt. Tiere denken nicht über neue, bessere Werkzeuge nach. Sie verwenden Steine oder Äste als Werkzeug, um Nüsse zu knacken oder Früchte von Bäumen zu holen. Erst unsere frühen Vorfahren bearbeiteten Steine und machten daraus bessere, geeignetere Werkzeuge. Allein um herauszufinden, wie man am besten Werkzeuge aus Feuerstein anfertigt, waren wahrscheinlich hunderttausende von Experimenten nötig.

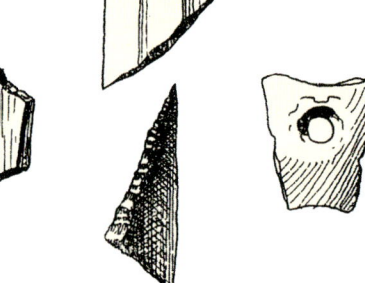

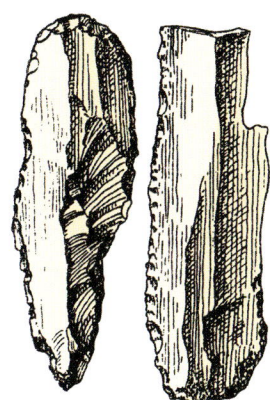

Das half den Menschen zu überleben. Denn sie waren
weder besonders schnell noch konnten sie besonders
gut sehen oder hören.

Sie waren eine Art, die auch hätte aussterben können,
bis die Werkzeuge ihnen das Leben erleichterten und bis
sie noch etwas anderes lernten: das Beherrschen des
Feuers. Wie die Tiere wussten sie, dass Feuer gefährlich
ist. Aber sie fanden auch heraus, dass ein kleines Feuer
wärmen kann, dass Fleisch und Früchte besser
schmecken, wenn sie mit dem Feuer in Berührung
kommen, dass Feuer Raubtiere fern hält.

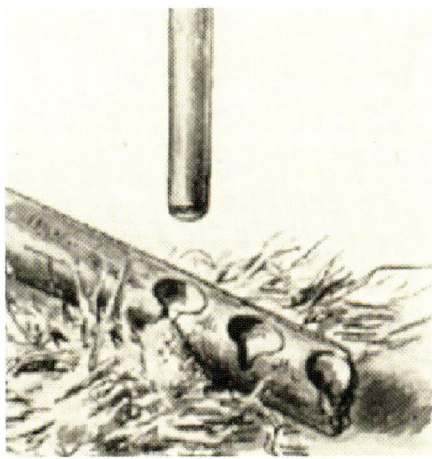

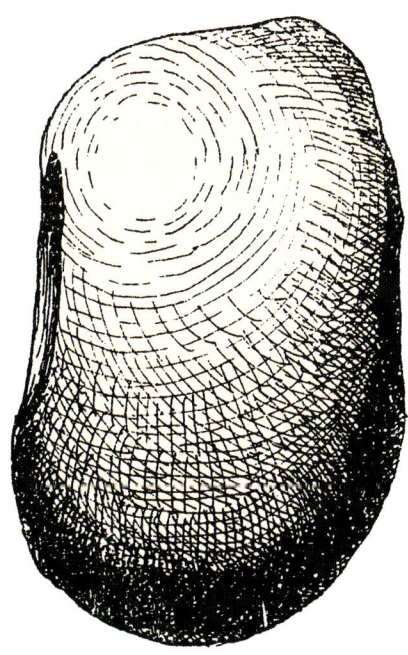

Die Macht über das Feuer

Die Menschen lernten Feuer zu machen, indem sie
Steine aufeinander schlugen oder Holzstücke aneinan-
der rieben. Viel Ausprobieren und sicher auch mancher
Zufall waren nötig, um diese Techniken zu lernen.
Bestimmt sind einige tausend Jahre vergangen, bis die
Menschen lernten, Metall mithilfe des Feuers zu
schmelzen.

Ein ganz anderes Leben
– die Einführung des Ackerbaus

Wie Forscher herausgefunden haben, waren die
Menschen im Jahr 3 000 vor Christus in der Lage,
Werkzeuge und Schmuckgegenstände aus Bronze
herzustellen. Das beweisen archäologische Funde auf
der griechischen Insel Kreta. Aber vorher hatten die
Menschen noch einen viel wichtigeren Schritt getan:
Sie hatten herausgefunden, dass man Samen aussäen
und so Pflanzen, meistens Gräser, ziehen kann, die nach
einigen Monaten geerntet werden können. Von dieser
Erkenntnis bis zum Ackerbau sind sicher auch einige
Jahre ins Land gegangen. Der Ackerbau führte dazu,
dass die Menschen enger zusammen wohnten, sich
Dörfer bildeten. Das war auch etwas Neues.

Vorher hatten die Menschen auch in Stämmen oder
Großfamilien zusammengelebt. Aber in diesen Siedlun-
gen konnte es Spezialisten geben: Töpfer, die Gefäße für
das Getreide, und Leute, die Mühlsteine herstellten,
erste Schmiede, die aus Bronze Werkzeuge machten.
Die Menschen, die vorher auf der Suche nach
Nahrung herumgezogen waren, wurden sesshaft.

Es könnte sein,
dass die Geschichten vom
„Garten Eden", dem Paradies,
irgendwann in dieser Zeit
entstanden sind.

Der Blick in den Himmel – Sterne und Götter

Mit dem Ackerbau wurde auch die Sternenkunde wichtig. Wann sollte man säen, wann ernten? Für mindestens ein Jahr entschied die Ernte darüber, ob es sich gut lebte oder Hunger herrschte. Man war sich sicher, dass es Götter gab, die gutes oder schlechtes Wetter brachten, den Boden fruchtbar machten oder austrocknen ließen. Um die Götter anrufen zu können, wurden Bilder geschaffen, Statuen, Reliefs.
Ein neuer Beruf entstand: die Künstler.

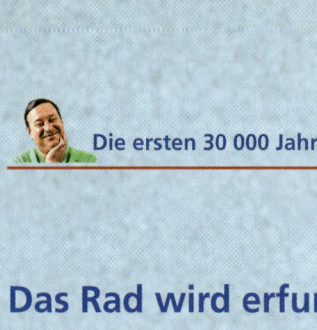

Das Rad wird erfunden
– aber nicht alle kriegen es mit

Beim Umgang mit Steinen haben die Menschen sicher
festgestellt, dass sich runde Steine leichter rollen lassen als eckige. Und so, möglicherweise ein paar hundert
Jahre später, das Rad erfunden.
Diese bahnbrechende Erfindung ist wahrscheinlich an
mehreren Orten gleichzeitig gemacht worden, sodass es
unmöglich ist zu sagen, wo genau das Rad erfunden
wurde. Aber in einigen Gegenden kannte man das Rad
noch nicht. So im alten Ägypten.

Beim Bau der Pyramiden wäre es eine große Erleich-
terung gewesen, mit Rädern arbeiten zu können, aber
bis nach Ägypten hatte sich die neue Erfindung
einfach noch nicht herumgesprochen.

Neue Haustiere:
Bakterien, die Nahrungs-
mittel konservieren

Wir wissen heute nicht, ob es Zufall war, zum
Beispiel das Essen verdorbenen Obstes, oder
bewusstes Ausprobieren, das die Menschen
entdecken ließ, wie man Zutaten am besten
mischt, um eine Gärung herbeizuführen.
Jedenfalls kannte man schon im Altertum eine
Art Bier und Wein und eine Art Sauerkraut.
Wie die Gärung diente auch die Herstellung von
Käse dazu, Lebensmittel länger genießbar zu
halten. Ohne Ausprobieren und Experimentieren wäre das nicht möglich gewesen.

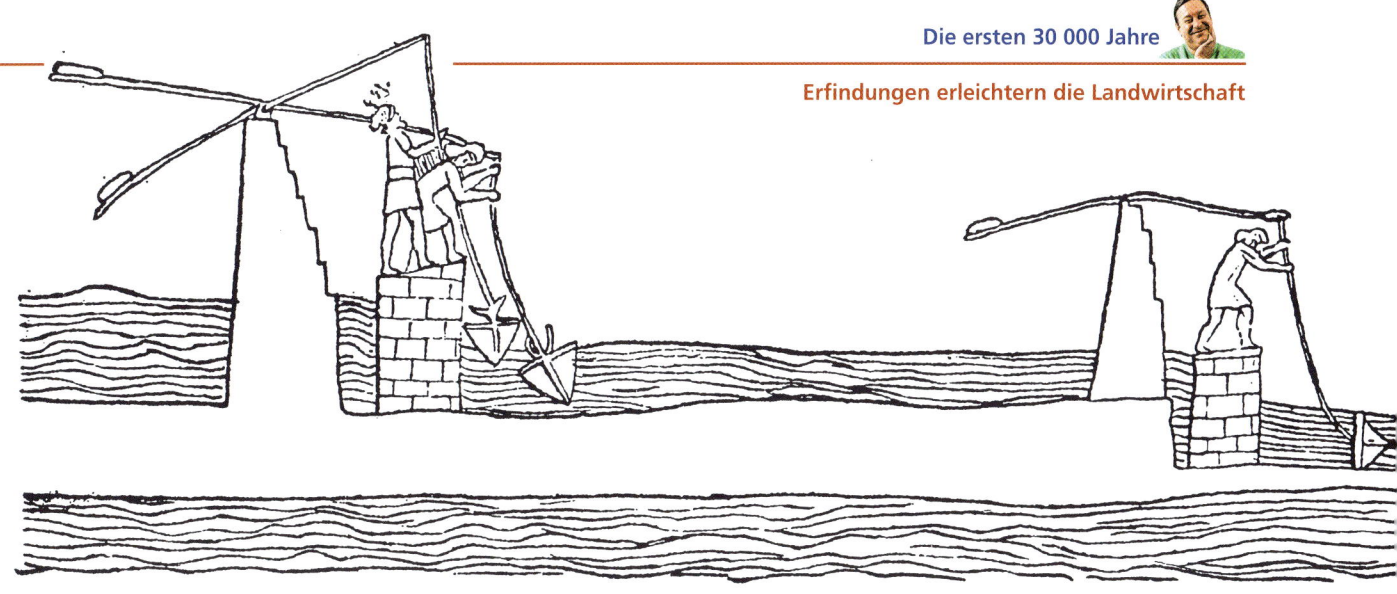

Erfindungen im alten Ägypten

Mittel gegen schlechtes Gedächtnis:
Buchstaben und Zahlen

Messen und Berechnen wurden wichtig. Dazu mussten aber erst einmal die Zahlen und Schriftzeichen erfunden werden. Die ersten Aufzeichnungen, die man auf Tontafeln gefunden hat, haben mit Landbesitz zu tun.

Immer mehr Erfindungen erleichterten die Landwirtschaft. Der „Schaduf" zum Beispiel, ein in der Mitte gelagerter Baumstamm, an dessen einem Ende ein Gewicht hing, am anderen ein Ledersack mit Wasser. Er ermöglichte die Bewässerung von Feldern, die zu wenig Regen abbekommen hatten. Diese Erfindung war besonders im alten Ägypten nützlich, wo es wenig regnete, aber im Nil genug Wasser floss.

Die Ägypter erfanden viele Dinge: Sonnenuhren, Glas und eine Vorform des Papiers: den Papyrus.
Aber — soweit wir das heute wissen können, war es für sie nicht interessant, warum etwas funktionierte.
Dafür waren die Götter zuständig ...

Da gibt's viel zu erzählen:

die griechische Götterwelt

Bei den Griechen war das anders. Sicher haben die Griechen ihre Götter auch verehrt und respektiert. Auf der anderen Seite aber gab es so viele Geschichten – oder Mythen, wie man sagt – über die Götter, dass sie uns heute fast so erscheinen wie das Personal einer Fernsehserie: mit Eifersuchtsdramen, Seitensprüngen, Mord und Totschlag.

Ich stelle mir die alten Griechen vor, wie sie abends vor ihren Häusern saßen, die Sterne anguckten und sich Geschichten erzählten. Zum Beispiel die Geschichten über Herakles – die Römer nannten ihn später Herkules –, den starken Sohn von Zeus, dem Chef des Götterclans. Oder die Geschichten vom Trojanischen Krieg oder den Irrfahrten des Odysseus.

An vielen fernsehfreien Abenden kann man sich viel erzählen. Im alten Griechenland gab es aber auch so genannte Sänger oder besser: Geschichtenerzähler, die durch das Land zogen und ihre Geschichten erzählten. **Homer** war der berühmteste.

Gespräche an lauen Sommerabenden und in schattigen Olivenhainen:
der Anfang der Philosophie

Beim vielen Erzählen kamen auch Themen auf, die über das Bereden der Tagesarbeit, die Kinder, das Kochen hinausgingen. Worin besteht der Sinn des Lebens? Was ist die eigentliche Natur der Dinge? Ist die Welt wirklich so, wie wir sie sehen? Gibt es Naturgesetze? So philosophierte man herum. Und es entstand: die Philosophie!

Weil Griechenland bergig ist und eine lange Küste hat, sind die Griechen viel zur See gefahren. Dabei haben sie mit den Völkern des Orients nicht nur Waren ausgetauscht, sondern auch Gedanken.
Ich stelle mir vor, dass Denken und Debattieren in Griechenland zum Volkssport wurde. Weil Denken eine Sache ist, die im Kopf passiert, wurde auch der einzelne Mensch, der dachte, immer wichtiger.

Die Philosophie war im alten Griechenland die Wissenschaft schlechthin. Denn die Philosophen beschäftigten sich mit allem Möglichen: Medizin, Architektur, Astronomie und Mathematik.
So konnten sie sich oft ihren Lebensunterhalt als Ärzte, Architekten oder Sterndeuter verdienen. Auch wenn Sterndeuterei mit Himmelsbeobachtung viel zu tun hat, ist sie doch keine Wissenschaft. Aber sie war für einen König der Grund, einen „Weisen" zu beschäftigen. Noch im letzten Jahrhundert hat man Astronomiestudenten das Anfertigen von Horoskopen beigebracht, damit sie neben ihrer ansonsten brotlosen Kunst ein Auskommen hatten.

Ein Experiment, bei dem alle mitmachen:
die Demokratie

Die griechischen Philosophen dachten viel über das Zusammenleben der Menschen nach. Einer von ihnen, Thales, stellte die Behauptung auf: „Alles ist aus Wasser." Dann sind auch die Herrscher und Könige aus Wasser, wie alle anderen Menschen auch. Da sah man die hohen Herren doch gleich mit anderen Augen.

Um die neu entstandenen Städte – auf Griechisch *polis* – zu regieren, um „Politik" zu machen, verfiel man auf ein bahnbrechendes Experiment: die Volksherrschaft, die auf Griechisch Demokratie heißt. Es gab eine Volksversammlung, an der große Teile der Einwohnerschaft teilnahmen – aber keine Frauen, und Männer, die sich Waffen und Rüstung nicht leisten konnten, auch nicht. Es waren nämlich die Männer, die für die Stadt, Athen zum Beispiel, gekämpft und gesiegt hatten, die dafür mehr Mitspracherechte haben wollten. Auch wenn wir heute andere Vorstellungen von Demokratie haben, waren die Griechen für ihre Zeit unglaublich modern.

Gehört zusammen:
Geld und Gesetz

Gesetze gab es auch schon vor den Griechen. Die Bewohner der Stadt Athen waren aber die Ersten, die Gesetze in Stein meißelten und auf dem Marktplatz bekannt machten. So konnte sie jeder lesen und sie galten auch für alle Bürger. Vorher kannten nur die Richter die Gesetze und man konnte nicht beurteilen, ob sie auch wirklich nach den Gesetzen ihre Urteile fällten. Offensichtlich war das nicht immer der Fall.

Auch wenn sie das Geld nicht erfunden haben, so haben die Griechen doch den Geldverkehr weiterentwickelt. Dazu musste man rechnen können. Kein Problem, denn die griechischen Denker waren begeisterte Mathematiker. Euklid und Pythagoras sind Namen, die im Mathematikunterricht noch heute eine Rolle spielen.

Große Geister treffen sich:
die Akademie

In einem lichtdurchfluteten Wäldchen in der Nähe Athens trafen sich Philosophen und ihre Schüler. Weil ein in der Nähe liegendes Heiligtum einem gewissen Akademos geweiht war, hieß dieser Treffpunkt bald Akademie. Berühmte Denker wie Sokrates haben hier gelehrt. Sokrates hat seinen Schülern nur Fragen gestellt. So lange, bis ihnen der Kopf rauchte. Aber mit seinen Fragen hat Sokrates seine Schüler dazu gebracht, scharf nachzudenken und nichts als selbstverständlich anzusehen. Sein bester Schüler, Platon, hat dieses Frage- und Antwortspiel aufgeschrieben.

Wie ich mich wohl unter all den klugen Köpfen gefühlt hätte?

Sokrates
und Platon,
die großen
Säulenheiligen
der griechischen
Philosophie.

Aristoteles und die Experimente:
mehr ein Gedankenspiel

Auch Platon hatte einen besonders begabten Schüler: Aristoteles. Wie Platon hat er nicht nur im Wäldchen gesessen und geredet, sondern auch geschrieben. Er war auch der Lehrer von Alexander dem Großen. Sein Werk, das immer und immer wieder abgeschrieben wurde, befasste sich mit den verschiedensten Themen, wie Logik, Psychologie, Kunsttheorie, Ethik, Politik usw. Bis weit ins Mittelalter war Aristoteles der einzige nichtchristliche Denker, dessen Schriften auch in Klöstern gelesen wurden.

Experimente machte Aristoteles kaum. Er war der Meinung, Experimente schaffen eine künstliche Natur. Das war für ihn als Naturforscher ein Widerspruch.

So stellte Aristoteles die Theorie auf, dass die Farben des Regenbogens eine Spiegelung von sehr kleinen Tröpfchen seien.
Er ließ von einem Mann Wasser in einem Raum verspritzen, der halb im Dunkel lag. Als er an der Grenze zum Schatten einen Regenbogen erkannte, hielt er seine

Die Erde nach der Anschauung des Eratosthenes.

These für bewiesen. Seit vierhundert Jahren weiß man, dass das weiße Licht von den Wassertröpfchen in die Farben des Regenbogens aufgespalten wird.

Auch über die Fallgesetze hat sich Aristoteles viele Gedanken gemacht. Er glaubte, die Schwerkraft nehme zu, je näher ein Gegenstand seinem „natürlichen Platz" komme. Ein Stein, den er aus fünf Zentimetern Höhe fallen ließ, hinterließ weniger Spuren im Sand als einer, der aus zwei Metern herunterfiel.
Das war für ihn Beweis genug.

Der Philosoph Epikur dagegen behauptete, im Vakuum, also im luftleeren Raum, sei die Fallzeit aller Gegenstände gleich. Einen Beweis dafür fand er nicht. So ging es den griechischen Philosophen oft: Sie ahnten vieles, konnten es aber nicht durch Experimente oder Beobachtungen beweisen.

Die erste Blüte der Wissenschaft

Zum Beispiel Demokrit. Er behauptete, es müsse kleinste Einheiten geben, aus denen alles sich zusammensetzt. Er nannte sie *atomos*, das heißt unteilbar. Erst 2 000 Jahre später ist es gelungen, ein Atom zu spalten. Manchmal wundert man sich wirklich, wie weit die Griechen schon waren.

Eratosthenes ist es zum Beispiel gelungen, den Umfang der Erde erstaunlich genau zu berechnen. Und Aristarch konnte die Entfernung zum Mond bestimmen. Das hatte damals keinen praktischen Nutzen, aber die griechischen Wissenschaftler hatten einen ganz einfachen Grund, möglichst viel über die Natur und ihre Gesetze herauszufinden: Sie waren schrecklich neugierig.

Archimedes: von Kronen und Hebeln

Archimedes dagegen war auch am Nutzen seiner Entdeckungen interessiert. Er entdeckte, dass er leichter ist, wenn er im Bad Wasser verdrängt. Und zwar um so viel leichter, wie das verdrängte Wasser wiegt.

So entdeckte er, dass verschiedene Materialien bei gleichem Gewicht unterschiedlich viel Wasser verdrängen, und konnte damit einen betrügerischen Goldschmied überführen, der der Krone des Königs minderwertige Metalle beigemischt hatte. „Heureka!" – „Ich hab's gefunden!" – soll er ausgerufen haben, als ihm der Nachweis gelungen war.

Archimedes hat sich auch mit den Hebelgesetzen beschäftigt – der Spruch „Gebt mir einen Punkt, wo ich stehen kann, so will ich mit meinem Hebel die Erde bewegen" stammt von ihm.

Wie viele Experimente Archimedes wohl machen musste, bis er mit diesem Ding Wasser bergauf fließen lassen konnte?

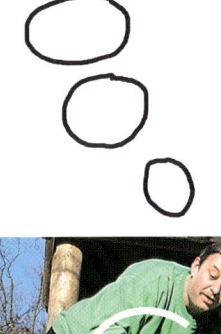

Er erfand die archimedische Schraube oder Wasserschnecke, mit der in Ägypten heute noch Wasser gefördert wird.

Seine hydraulischen Maschinen und Kriegsgeräte wurden tatsächlich gebaut. Mit ihrer Hilfe überstand seine Heimatstadt Syrakus zwei Jahre römischer Belagerung. Als die Stadt dann doch erobert wurde, soll er den römischen Soldaten gesagt haben: „Noli turbare circulos meos" – „Stört meine Kreise nicht", denn er hat auch die Zahl Pi entdeckt, mit der man Kreise berechnen kann. Das soll sein letzter Satz gewesen sein.

Noli turbare circulos meos.

„Die magischen Tempeltüren"

Ein Grieche, der wirklich experimentiert und getüftelt hat, war Heron von Alexandria. Ob er selbst Priester war oder nur für die Priester in den ägyptischen Tempeln arbeitete, wissen wir nicht.

Er hat einen Automaten erfunden, der nach Einwurf einer Münze Weihwasser spendete. Seine beeindruckendste Erfindung aber war der Tempeltüröffnungsautomat. Auf der Zeichnung kann man sehen, wie er funktionierte.

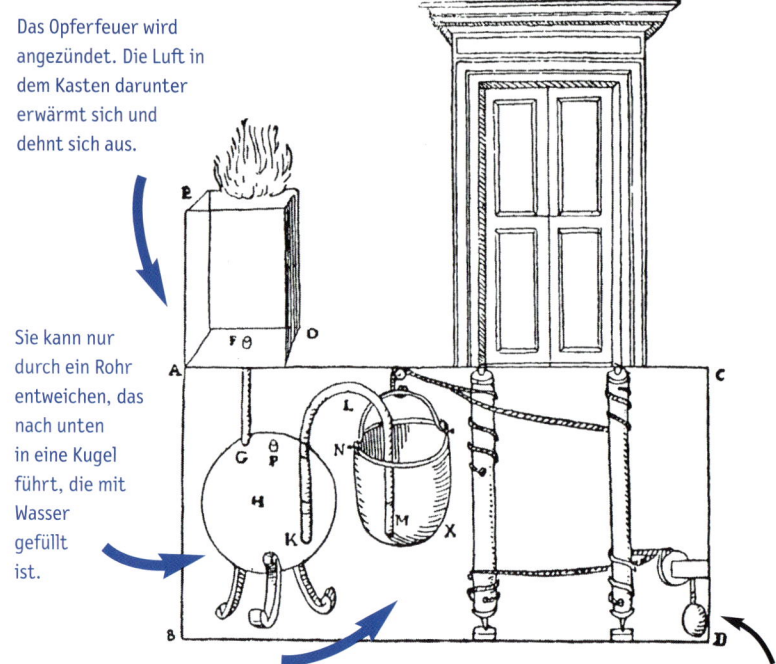

Das Opferfeuer wird angezündet. Die Luft in dem Kasten darunter erwärmt sich und dehnt sich aus.

Sie kann nur durch ein Rohr entweichen, das nach unten in eine Kugel führt, die mit Wasser gefüllt ist.

Die Luft drückt einen Teil des Wassers aus der Kugel in einen Kessel.

Das Gewicht des Wassers drückt den Kessel nach unten und zieht damit an einem Seil, das um Holzpfeiler gewickelt ist, die die Tempeltüren öffnen.

Das Gegengewicht unten könnte dafür gesorgt haben, die Tür wieder zu schließen, wenn das Feuer erlischt.

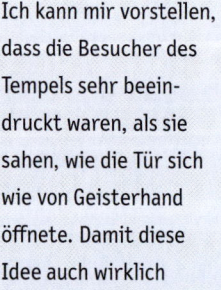

Ich kann mir vorstellen, dass die Besucher des Tempels sehr beeindruckt waren, als sie sahen, wie die Tür sich wie von Geisterhand öffnete. Damit diese Idee auch wirklich funktioniert, müsste man auch mit heutigen Materialien lange tüfteln, denn der Kasten und die Kugel müssen ja völlig luftdicht sein.

Das Erbe der Griechen

Mit ihrer Neugierde und ihrer Offenheit gegenüber neuen Erfindungen haben die Griechen viele wichtige Entdeckungen gemacht. Sie waren, wenn man so will, die ersten Wissenschaftler. Sie haben nicht nur experimentiert, um praktische Probleme zu lösen, sondern auch, um den Dingen auf den Grund zu gehen, um Ursachen und Zusammenhänge herauszufinden. Und die Griechen haben als Erste Berechnungen angestellt. So mussten sie nicht mehr ausprobieren, ob ein Hebel wirklich seine Funktion erfüllt; sie konnten das ausrechnen.

Noch während der Römerzeit waren die Griechen als Wissenschaftler und Lehrer hoch geschätzt, auch wenn sie oft als Sklaven für die Römer arbeiteten. Die Römer waren eher praktisch veranlagt und hatten für theoretische Debatten nicht viel übrig.

Aber die Römer sorgten dafür, dass das Wissen der Griechen im ganzen Römischen Reich verbreitet wurde. Rom war eine Supermacht, die überall Städte gründete, mit Thermen, Amphitheatern, Straßen und auch mit Schulen.

Als das Römische Reich zwischen 400 und 500 nach Christus auseinander fiel, ging damit in vielen Teilen Europas eine Zeit zu Ende, die den Völkern Ordnung und Kultur gebracht hatte.

Die Zeit danach bezeichnen die Geschichtsforscher gern als „dunkles Zeitalter". Nicht nur, weil es wenig Dokumente aus dieser Zeit gibt, sondern auch, weil auf vielen Gebieten die Fortschritte, die die Römer gebracht hatten, zunichte gemacht wurden.

Von Wippen, fliegenden Eimern und tanzenden Münzen

Warum ein Schiff schwimmt

Eine Knetekugel und eine Murmel gehen beide im Wasser unter. Wenn man aber die Knete wie ein kleines Boot formt, verdrängt sie mehr Wasser und kann sogar noch die Murmel tragen.

Die Kartoffel am kürzeren Hebel

Eine Kartoffel ist schwerer als eine Feder. Das weiß jeder. Wenn man beide an einem Stab befestigt und der Stab gerade sein soll, muss die Kartoffel nah am Aufhängungspunkt sein. Die Feder braucht einen längeren Hebel.
Das Untergestell ist übrigens aus einem Radiergummi und einer Büroklammer gemacht.

Der Saugheber

Die einfachste Methode, eine Flüssigkeit zu transportieren, ist der Saugheber. Einfach mit einem Schlauch die Flüssigkeit ansaugen, den vollen Schlauch mit dem Finger zuhalten und die Flüssigkeit in ein anderes Gefäß laufen lassen. Das muss allerdings tiefer stehen!

Die Kraft des Wassers

Wenn man an einen mit Wasser gefüllten Schlauch zwei Spritzen anschließt, braucht man nur auf eine Spritze zu drücken, um die andere zu bewegen. Mit so einem mit Wasser gefüllten Schlauch, einem Trichter und einem Ballon kann man sogar eine volle Konservendose anheben. Dieses Prinzip nennt man Hydraulik.

Die Kraft des Eies

Eierschalen sind genial konstruiert. Wie stabil sie trotz ihrer dünnen Schale sind, kann man sehen, wenn man einen Büchsenturm darauf stapelt.

Die Kraft des Schleuderns

Einen Eimer mit Wasser füllen, eine Schnur daran befestigen und dann kräftig im Kreis schleudern. Die Kunst bei diesem Experiment besteht darin, den Eimer wieder anzuhalten. Auch wenn Schnur oder Knoten nicht gut genug waren, kann man selber oder Zuschauer nass werden.

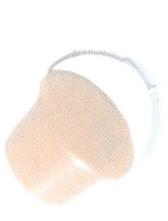

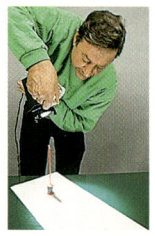

Der indische Kreis

Statt der Sonne haben wir einen Scheinwerfer genommen, um zu zeigen, dass die Länge des Schattens von der Höhe der Sonne abhängt. Wenn die Sonne am höchsten steht, ist ihr Schatten auch am kürzesten. Dann steht sie im Süden. Mit dem so genannten „indischen Kreis" kann man so bestimmen, wo Süden ist. Etwa eine Stunde vor Mittag zieht man einen

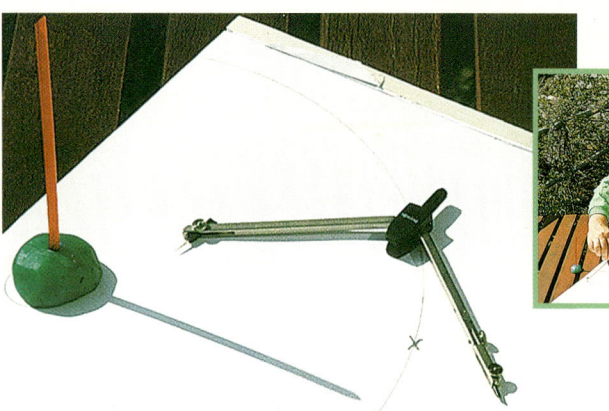

Kreis um einen Schattenstab, der so lang ist wie der Schatten. Wo sich Kreis und Schatten treffen, habe ich eine Markierung gemacht. Danach wandert der Sonnenschatten weiter und wird dabei kürzer. Wenn er wieder länger wird und den Kreis wieder berührt, wird dort wieder ein Zeichen gemacht. Zwischen dem Punkt genau in der Mitte zwischen den beiden Markierungen und dem Schattenstab verläuft die Nord-Süd-Richtung.

Kerzenwippe

Mit zwei Gläsern, zwei Stricknadeln, einem Stück Knete und zwei Kerzen haben wir eine Kerzenwippe gebaut. Wenn man die Kerzen anzündet, fängt bald eine Wippbewegung an. Denn wenn eine Kerze tropft, wird sie leichter, während die andere Kerze durch die stärkere Neigung schneller schmilzt und dann auch bald tropft.

Wasserwippe

Zwei Teelichte und zwei leere Teelichthülsen, die mit Wasser gefüllt sind. Auch das wird eine Wippe, denn wenn auf der einen Seite das Wasser näher an der Kerze ist, verdunstet es schneller, wird so leichter, bis die andere Seite Übergewicht bekommt und das Spiel von neuem losgehen kann.
Mit Strohhalmen, Büroklammern, Wasserglas und Teelichten leicht zu bauen.

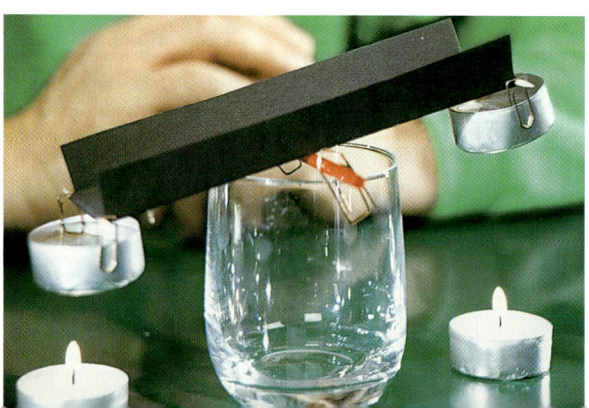

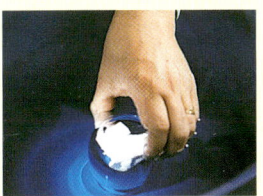

Kann Papier unter Wasser trocken bleiben?

Ich habe einfach mal ein Papier in ein Glas geknüllt und das Glas mit der Öffnung nach unten unter Wasser gehalten. Das Papier blieb trocken. Luft kann also Wasser verdrängen.

Wenn ich eine Flasche unter Wasser fülle, bleibt das Wasser drin, wenn ich sie über die Wasserober- fläche hebe. Sobald ich Luft reinblase, ändert sich das.

Das Ei in der Flasche

Das ist fast wie ein Zaubertrick: In eine Milchflasche füllt man etwas heißes Wasser. Wenn man die Öffnung mit einem gepellten, hart gekochten Ei verschließt, wird das Ei in die Flasche gesogen. Dann ist es drin.

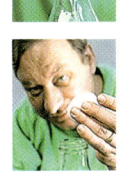

Aber wie kriegt man es wieder raus?

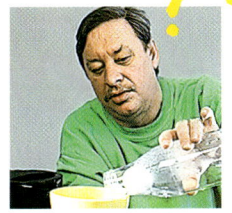

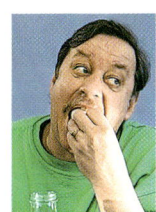

Ganz einfach: Man hält die Flasche hoch, rollt das Ei mit der spitzen Seite an die Öffnung und bläst kräftig rein.
Plopp – kommt das Ei raus!

Wie eine Kerze den Wasserspiegel hebt

Wenn eine Kerze brennt, verbraucht sie Sauerstoff. Wenn man über eine Kerze, die im Wasser steht, eine Flasche stülpt, geht die Kerze wegen Sauerstoffmangels bald aus. Weil die heiße Luft sich abkühlt, steigt der Wasserspiegel in der Flasche.

Wie man Geld zum Tanzen bringt

Eine Flasche mit kleinerer Öffnung wird in den Kühlschrank gestellt. Wenn sie kalt ist, wird die Öffnung angefeuchtet und eine Münze in passender Größe draufgelegt. Wenn man die Flasche dann mit den Händen erwärmt, fängt die Münze lang- sam an zu klappern und zu tanzen.

Als der römische Kaiser Theodosius der Erste im Jahr 380 nach Christus das Christentum zur Staatsreligion erhob und alle anderen Religionen verbot, war das der Anfang eines neuen Zeitalters. Das galt auch für die Wissenschaft. Denn die Christen wandten sich nicht nur gegen heidnische Kulte, sondern auch gegen Philosophen und Wissenschaftler, die ihrer Ansicht nach über Fragen nachgrübelten, die in der Bibel beantwortet waren.

Finsteres Mittelalter?

Von Frauen als Philosophinnen hielten die Griechen nicht viel; wenn dann Hypatia, die Tochter eines Mathematikers, so bekannt wurde, dass sie zur Leiterin der weltberühmten Bibliothek von Alexandria berufen wurde, muss sie sich mit viel Wissen und Intelligenz durchgesetzt haben. Die Bibliothek von Alexandria war damals das Zentrum der wissenschaftlichen Welt, wo Schriften von überall her zusammengetragen wurden. Hypatia wurde von Christen ermordet (415 n. Chr.) und die Bibliothek ging in Flammen auf. Man mag sich gar nicht vorstellen, welche Schätze dabei vernichtet wurden.

Als im Jahr 529 die Athener Akademie geschlossen wurde, ging damit das Zeitalter der griechischen Philosophen zu Ende. Einige Wissenschaftler sehen das als Beginn des Mittelalters. Andere sehen den Untergang des Weströmischen Reiches und die Völkerwanderungen als Anfang des Mittelalters an. Auf jeden Fall sind es die tausend Jahre zwischen dem Ende des Zeitalters der Griechen und Römer und der Neuzeit, die wir als Mittelalter bezeichnen.

Gegen die Griechen

Weil in tausend Jahren viel passiert und sich auch viel verändert, ist es schwer, Sätze mit „Im Mittelalter gab es …" oder mit „Im Mittelalter war es verboten …" anzufangen. Denn was für den Anfang des Mittelalters noch galt, musste zu Ende des Mittelalters schon lange nicht mehr stimmen.

Am Anfang des Mittelalters stand das Ende der griechischen Philosophie und Wissenschaft, die zum Teil offen bekämpft wurde. Es ist den Arabern zu verdanken, dass einige Werke der Griechen uns heute noch bekannt sind. Die christliche Kirche übernahm die Macht über das Denken der Menschen.

Das ging ganz einfach, die Einzigen, die im Mittelalter lesen und schreiben konnten, waren die Priester. Später noch die Mönche. Die allermeisten Adligen waren des Lesens und Schreibens unkundig. Dafür hatte man schließlich den Geistlichen im Gefolge.

Ein Buch beantwortet alle Fragen: die Bibel!

Nur die Bibel zählt

Im Mittelpunkt allen Denkens und Nachdenkens stand die Bibel, die „Heilige Schrift". In ihr glaubte man, alle Antworten auf alle Fragen finden zu können.
Man musste nur fleißig in dem dicken Buch studieren. Wozu da Experimente?

Es wurde viel diskutiert; es gab ja immer noch fernsehfreie Abende. Zum Beispiel über die Frage, wie viele Engel auf eine Nadelspitze passen, wie das genau funktioniert hat mit dem Christusbaby, ob zum Beispiel Joseph mit ihm verwandt war. Aber die Fragen wurden nicht mehr an die Natur gerichtet, sondern an ein Buch.

Leichenbeschau ja – aber ohne richtig hinzugucken

Zum Teil wurden die Schriften der Griechen auch in Kirchen und Klöstern aufbewahrt. Ein wichtiges Buch darunter war die Anatomie des griechischen Arztes Galen. Der hatte Schweine und Affen seziert, also aufgeschnitten und auseinander genommen, um den Aufbau des Körpers zu erforschen. Im Mittelalter war das sozusagen

die Bibel für angehende Ärzte. Es dauerte einige Jahrhunderte, bis langsam das Verbot, Leichen zu sezieren, gelockert wurde.

Solange blieb den Ärzten nichts anderes übrig, als dem zu glauben, was Galen geschrieben hatte. Dass er seine Forschungen gar nicht an Menschen gemacht hatte, geriet in Vergessenheit. Als dann in medizinischen Vorlesungen Leichen vor den Studenten geöffnet wurden, las man dazu meist aus dem Buch von Galen.

Auch wenn die Studenten mit eigenen Augen sehen konnten, dass nicht alles zutraf, was Galen geschrieben hatte, wurde eher ihm geglaubt als den eigenen Augen. Lange fanden Mediziner nicht den Mut, dem zu widersprechen, was der „große Galen" aufgeschrieben hatte. Denn weil das geschriebene Wort das Monopol der Kirche war, galt es als nahezu unantastbar. Das galt später sogar für die Schriften des griechischen Philosophen Aristoteles.

Ein freier Geist
Kaiser Friedrich II.

Leute, die eigene Entdeckungen machten, andere Ideen im Kopf trugen, hatten es da schwer. Die Kirche setzte ihnen zu, verfolgte sie, manche wurden sogar im Namen Gottes verbrannt.

Aber es gab einen, der traute seinen eigenen Augen, beobachtete und experimentierte. Er hatte auch viel Ärger mit der Kirche, aber er hatte Glück, denn er war Kaiser – Kaiser Friedrich II.

Ob er wirklich als verwahrlostes Kind in den Gassen von Palermo in Sizilien herumstreunte und so die verschiedenen Sprachen lernte, die dort gesprochen wurden, oder tatsächlich in Wortgefechten mit arabischen Weisen die Kraft der Argumente kennen lernte – man weiß es nicht. Fest steht, dass er einen guten Teil seines Lebens in Sizilien verbracht hat, Araber unter seinen Beratern hatte, und den Lebensstil des Orients schätzte. Das ärgerte die strengen Kirchenherren natürlich sehr.

Für Kaiser und andere hohe Herren war es ganz normal, auf die Jagd zu gehen, wenn sie nicht gerade in den Krieg ziehen mussten oder Regierungsgeschäfte warteten. Das war ihr liebster Zeitvertreib. Bei Friedrich II. war es mehr als das. Für ihn war die Jagd mit Falken eine große Leidenschaft. Sie interessierte ihn so sehr, dass er ein Buch darüber schrieb: „Von der Kunst, mit Vögeln zu jagen"!

Alles, was er beim Zähmen der Vögel und beim Jagen beobachtete, schrieb er auf. Er befragte alle, die mit den Falken und anderen Greifvögeln zu tun hatten, über Verhaltensweisen, Futter und andere Beobachtungen. Das konnten auch einfache Knechte sein (was für die damalige Zeit ungewöhnlich war), Hauptsache, sie konnten Interessantes erzählen.

So ein Buch mit offenen Augen, mit Neugierde, zu schreiben, war für die damalige Zeit neu. Aber so gelang Friedrich II. ein Buch, das auch heute noch von Leuten, die mit Falken und der Falkenjagd zu tun haben, als das wichtigste Buch, als Standardwerk, angesehen wird.

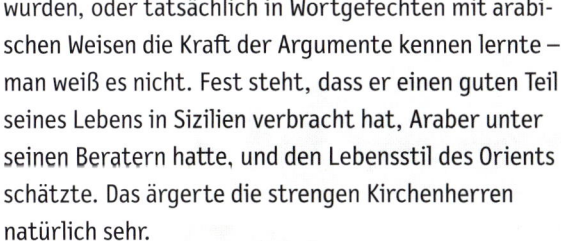

...als Bauer

...als Händler

Ich ...als Handwerker

Das Leben vor 1000 Jahren

1999, als die Jahrtausendwende bevorstand, habe ich für die „Sendung mit der Maus" einen Film über das Leben im Jahr 1000 gemacht. Ich habe Nachschlagewerke durchforstet und nachgesehen, was damals passiert ist.

In Japan entstand der erste Frauenroman, in Kambodscha, in Ghana und in Mexiko erlebten Hochkulturen ihre Blütezeit, aber in Europa war wenig los. Die meisten Menschen haben die Jahreswende zum Jahr 1000 gar nicht mitgekriegt; denn warum sollten sie die Jahre zählen? Kaum jemand hat sich damals mehr als zehn Kilometer von seinem Haus wegbewegt – in seinem ganzen Leben!

Alles, was die Menschen brauchten oder hatten, wurde von ihnen selbst oder wenigstens in ihrer Nähe hergestellt. Es gab kaum Handel und die Erzählungen aus der Bibel waren das Einzige, was jedenfalls die einfachen Menschen von der Welt außerhalb hörten. Vieles, was für uns ein kleiner Unfall ist, war damals eine Katastrophe. Ein gebrochenes Bein, ein Unwetter, ein langer Winter, der Tod einer Kuh – all das konnte Hunger und Tod bedeuten.

Für die Menschen im Mittelalter war der Tod viel gegenwärtiger als für uns. Deswegen war es für sie wichtig sicherzugehen, nach dem Tod in den Himmel zu kommen. Sie spendeten viel für den Bau von Kirchen. Um das Jahr 1000 hat der Bischof Bernward in Hildesheim die Michaeliskirche bauen lassen. In dieser Kirche sollten zwölf Mönche nur für sein Seelenheil beten. Sie wurde im so genannten romanischen Baustil errichtet und sieht einer Burg ziemlich ähnlich.

Den romanischen Baustil kann man gut an den runden Bögen der Fenster erkennen.

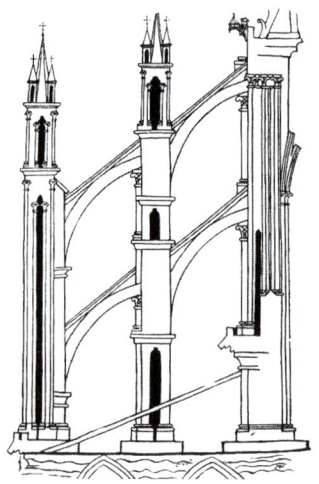

Völlig neue Kirchen – der gotische Baustil

Etwa hundert Jahre später begannen Baumeister in ganz Europa, vor allem in England und Frankreich, ein bahnbrechendes Experiment. Sie bauten in den Himmel: Die Kirchen wurden höher, zierlicher, viel Licht strömte in den Innenraum.

Streben und Stützkonstruktionen mussten die hohen Wände halten. Gotische Kirchen sind nicht nur an den Spitzbögen ihrer Fenster zu erkennen. Es ist ein ganz anderer Baustil, mit viel mehr Verzierungen und Verästelungen, der Europa eroberte.

Noch heute erscheinen diese Gebäude in ihrer Konstruktion gewagt. Die Baumeister damals konnten auf keinerlei Erfahrungen zurückgreifen. Dass bei diesen kühnen Experimenten während des Baus die eine oder andere Mauer eingebrochen ist, das eine oder andere Dach zusammenkrachte, war nichts Außergewöhnliches.

Von der gewaltigen Kathedrale von Beauvais wird berichtet, dass ihr Mittelschiff nach zwölf Jahren eingestürzt ist. Auch sind auffällig viele gotische Kathedralen ohne Türme geblieben. Oft kündigten Risse und Spalten die Gefahr an, sodass rechtzeitig Stützmauern errichtet werden konnten. Diese Experimente waren der Kirche sicher willkommen. Denn eine Kathedrale neuen Typs

von weitem zu sehen und dann zu betreten, war für die Menschen der damaligen Zeit bestimmt ein besonderes Erlebnis. Besonders, wenn man sich vorstellt, dass ringsum nur ärmliche Hütten standen.

Auf jeden Fall wurde sehr viel gebaut. Überall schossen Klöster und Kirchen im neuen Stil aus dem Boden. Die Lust am Neuen betraf aber nicht nur die Gebäude. Die Musik in den Kirchen klang anders; man experimentierte nicht nur mit Mehrstimmigkeit, sondern auch mit neuen Rhythmen und Klängen. Der Komponist Perotinus schrieb Musik für den Chor der gotischen Kathedrale Notre-Dame in Paris und wollte, dass sich die Sänger ekstatisch dazu bewegen sollten. Auch heute noch hört sich diese Musik sehr aufregend an.

Im zwölften Jahrhundert wurden auch die arabischen Zahlen in Europa eingeführt. Schon die Griechen hatten mit dem Zehnersystem gerechnet. Aber mit der Erfindung der Null, die aus Indien kam, konnte man erstmals richtig damit rechnen. Die Schriften des griechischen Philosophen Aristoteles wurden ins Lateinische übersetzt und als Lehrbücher anerkannt.

Mit Feuer und Flamme – die heilige Inquisition

Fast hätte man den Eindruck haben können, es herrsche Aufbruchsstimmung. Das „finstere" Mittelalter schien zu Ende zu gehen. Aber die katholische Kirche sperrte sich dagegen, weil das für sie Machtverlust bedeutete. Sie schuf eine Einrichtung, die viel Unheil über Menschen brachte; besonders über die Menschen, die neugierig waren und Dinge ausprobieren wollten: die heilige Inquisition.

Ob man eine von der kirchlichen Lehrmeinung abweichende Meinung vertrat oder von seinen Nachbarn als Hexe verpetzt wurde – wer in die Mühlen der Inquisition geriet, musste Folter und Tod fürchten. Dabei war es keineswegs so, dass im Mittelalter alle paar Tage eine Hexe oder ein Ketzer brannte. Aber schon die Drohung genügte, um Angst, Schrecken und Misstrauen zu verbreiten. Noch Leonardo da Vinci, der in der Renaissance, also nach dem Mittelalter, lebte, machte seine Aufzeichnungen in Spiegelschrift – aus Angst vor der Inquisition.

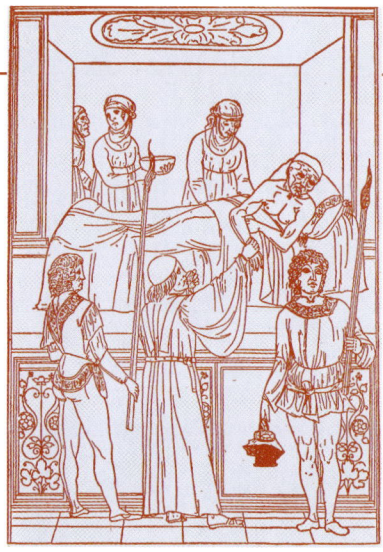

Die Geißel der Menschheit
– die Pest

Mit den Methoden der Inquisition den Lauf der Zeit auf-
zuhalten wäre sicher nicht gelungen, wenn nicht ein
neues Unheil über die Menschen hereingebrochen wäre:
die Pest. Im Jahr 1347 breitete sich diese tödliche
Krankheit schnell über ganz Europa aus. Besonders in
den Städten, die in den Jahrhunderten zuvor gewach-
sen waren und auch Nichtadeligen Wohlstand verspra-
chen, konnte sie sich ausbreiten.

Denn in den Städten
herrschte Enge und
Armut und die
hygienischen Verhält-
nisse waren nach
unseren heutigen
Maßstäben ver-
heerend.

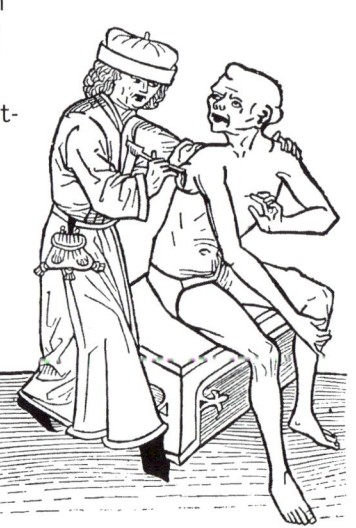

Vom Tode bedroht waren die Menschen im höchsten
Maße verunsichert. Denn sie hatten keine Ahnung, wie
die Krankheit übertragen wurde. In Hamburg starben an
einem Tag 16 der 21 Ratsherren an der Pest. Wer war
schuld?

Die Juden, eine verfemte Minderheit, wurden verdäch-
tigt, gejagt und ermordet. Natürlich hielt das die Seu-
che nicht auf. Durch Spenden und Stiftungen zu Gunsten
der Kirche versuchten viele Menschen wenn nicht der
Krankheit, so doch wenigstens
der Hölle zu entgehen.

Heute wissen wir, dass die Pest
von Rattenflöhen übertragen
wurde. Wüssten wir das nicht,
würden wir nicht auch an eine
Strafe Gottes glauben?

Die alten Griechen kommen wieder zur Geltung – und die Araber haben Neues zu bieten

Aber nicht überall auf der Welt sah es so düster aus. In Arabien betrachtete man die griechischen Philosophen zwar auch als Andersgläubige, aber man hatte keine Probleme, sich mit ihren Werken zu beschäftigen. Obwohl Christen und Moslems sich in Palästina und Spanien als Feinde gegenüberstanden, gab es doch einen regen Austausch von Wissen und Argumenten. In Sizilien am Hof Friedrichs II. waren arabische Gelehrte gern gesehene Gäste.

Aristoteles hatte aufgeschrieben, was man im alten Griechenland wusste. Albertus, der später den Beinamen „Magnus", der Große, bekam, hat das im zwölften Jahrhundert für seine Zeit auch getan. Dabei hat er sich an Aristoteles orientiert, aber auch eigene Beobachtungen hinzugefügt. Das war für ihn nicht ganz leicht, denn er war ein Mann der Kirche, zeitweise sogar Bischof. Und laut christlicher Lehre wurde Wissen von Gott „offenbart". Albertus Magnus meinte, man könne auch durch Beobachtung und Experimente zu neuen Erkenntnissen kommen. Ob er auch alchimistische Experimente anstellte, ist umstritten.

Auch im Mittelalter geht das Leben weiter – mit neuer Wissenschaft und Technik

Immer wieder und überall machten Menschen Experimente und Fortschritte. Wassermühlen erleichterten das Mahlen von Getreide und viele andere Arbeiten. Mithilfe von Brillen konnten viele lesen und schreiben, denen das sonst nicht (mehr) möglich gewesen wäre. Beim Schiffbau und in der Navigation wurden neue wichtige Erkenntnisse gewonnen, ohne die die Entdeckung neuer Erdteile ein paar Jahrhunderte später nicht möglich gewesen wäre.

Besonders wichtig war die Gründung von Universitäten. Dort konnte sich Wissen viel schneller verbreiten. So waren viele Gelehrte des späten Mittelalters Lehrer an den neuen Universitäten.

Nicole Oresme, Lehrer an der Pariser Hochschule, dachte im 14. Jahrhundert über eine mögliche Rotation der Erde nach.

Auch wenn sich diese Auffassung bis heute hartnäckig hält: Die Menschen des Mittelalters dachten nicht, die Erde sei eine Scheibe. Schon die Griechen hatten bei Mond- und Sonnenfinsternissen beobachtet, dass der Schatten der Erde der Schatten einer Kugel ist. Es gibt Dokumente aus dem Mittelalter, in denen steht, die Erde sei „rund wie ein Apfel". Auf Landkarten wurde die damalige bekannte Welt zwar flach gezeichnet, wie man das heute ja auch macht, bei den Anmerkungen war aber meist von der Kugelform der Erde die Rede.

Nur ein Problem gab es: Christus hatte die Apostel aufgefordert: „Gehet hin und lehret alle Völker." Gäbe es aber auf der Südhalbkugel, wo die Apostel nicht hingelangen konnten, Menschen, hätte er sie vor eine unlösbare Aufgabe gestellt, das konnte nicht sein. Eine der möglichen Schlussfolgerungen war, dass Menschen, die dort lebten, keine richtigen Menschen sein konnten. Viele der spanischen Conquistadores, die Südamerika eroberten, hielten die Indios dort für eine Art Vieh, das man weder bekehren noch besonders gut behandeln musste und ohne Gewissensbisse töten konnte.

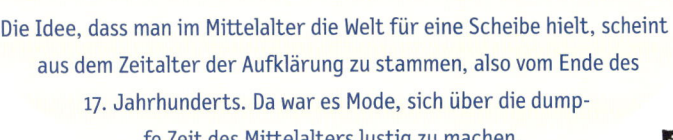

Die Idee, dass man im Mittelalter die Welt für eine Scheibe hielt, scheint aus dem Zeitalter der Aufklärung zu stammen, also vom Ende des 17. Jahrhunderts. Da war es Mode, sich über die dumpfe Zeit des Mittelalters lustig zu machen.

Die Theorien der alten Griechen erwiesen sich immer öfter als falsch. Beobachtungen widersprachen dem, was in den Büchern stand. Die Wissenschaftler des ausgehenden Mittelalters merkten, dass sie selbst beobachten und experimentieren mussten, um die Natur und ihre Gesetze zu erforschen.

In der italienischen Stadt Florenz begann eine Bewegung, die man später Renaissance nannte. Das bedeutet Wiedergeburt – Wiedergeburt der als „goldenes Zeitalter" angesehenen Zeit der Griechen und Römer. Ein freieres Denken wurde möglich. Geniale Menschen wie Leonardo da Vinci konnten sich entfalten.

Und in Deutschland wurde eine Erfindung gemacht, die die Welt verändern sollte: der Buchdruck. Johannes Gutenberg gelang es, die erste Bibel mit beweglichen Lettern (Druckbuchstaben) zu drucken. Durch diese neue Technik konnte Wissen viel schneller verbreitet werden als vorher.

Die Alchimisten experimentieren im Geheimen

Die Tempelpriester im alten Ägypten beherrschten die Kunst, Gold zu imitieren, Dinge wertvoller aussehen zu lassen, als sie waren. Vielleicht ließen sie dabei auch das eine oder andere Goldstück in der eigenen Tasche verschwinden. Davon erzählten sie natürlich niemandem. Sie machten ein großes Geheimnis um ihre Kunst. Aber Geheimnisse machen Menschen neugierig und lassen Gerüchte wachsen. So hielt man es im Mittelalter für möglich, Gold zu machen.

„Al-kimiya" – sagten die Araber. Manche sagen, das heißt „ägyptische Kunst", manche meinen, es bedeutet „Kunst des Metallgießens". Immer wieder bemühten sich Gelehrte, Gold zu machen und den „Stein der Weisheit" oder „Stein der Weisen" zu finden (Elixier oder „al-iksir" – der Stein). Wie bei den ägyptischen Priestern lief alles streng geheim ab. Aus gutem Grund, denn das Experimentieren der Alchimisten galt als Zauberei – und damit als unchristlich. Viele in den Alchimistenküchen haben sich auch sicher so gesehen: als Mitglieder einer geheimen Gemeinschaft, die Kräfte heraufbeschwor, die einen Priester bleich das Kreuz schlagen ließen. Aber die Aussicht, irgendwann Gold machen zu können, hat sie auch Geldgeber und Beschützer finden lassen.

Im Geheimen machten die Alchimisten viele Experimente. Sie probierten viel aus, was mit dem Schmelzen von Metallen zusammenhing. Sie lernten zu destillieren, konzentrieren, extrahieren und zu separieren. Alles Grundkenntnisse, die auch heute ein Chemiker beherrschen muss. Die Kolben und Gefäße, die heute in den Labors stehen, sind von den Alchimisten erfunden worden. Sie entdeckten nicht nur die Salpeter- und die Schwefelsäure. Ohne die Grundlagen, die sie schufen, gäbe es die heutige Chemie nicht.

Ihre Aufzeichnungen waren geheimnisvoll und es war nicht immer ganz klar, ob es sich um Laborberichte handelte oder um Bekenntnisse, die den Lehren der Kirche widersprachen. Die Alchimie blieb bis weit über das Mittelalter hinaus bestehen. Selbst aufklärerische Geister wie Newton und Goethe waren von ihr fasziniert. Und wenn man heute in eine Esoterik-Buchhandlung geht, kann man dort noch viel von dem finden, was in den geheimen Labors der Alchimisten erdacht wurde.

Galileo Galilei

war der berühmteste Wissenschaftler seiner Zeit.
Er hat die Fallgesetze erforscht und war ein hervor-
ragender Mathematiker, aber vor allem hat er ein
Fernrohr gebaut, mit dem er die Bewegungen der
Himmelskörper beobachtete. Grund genug, ein
berühmter Mann zu werden.

Noch berühmter ist er aber dadurch geworden, dass
man ihm wegen seiner Erkenntnisse den Prozess
gemacht hat. Um das zu erzählen,
muss ich ein wenig ausholen:

Wenn man die Sonne
beobachtet, kann man
ihren Lauf von Ost nach
West am Himmel ver-
folgen. Aber wer
bewegt sich da? Die
Erde oder die Sonne?
Zu der Zeit von Galilei
war die offizielle Mei-
nung (also die der Kir-
che), dass die Sonne
sich um die Erde dreht.

Kopernikus

VOLLKOMMENER AUSGEARBEITETES KOPERNIKANISCHES WELTBILD

TYPUS EMENDATI ET PERFECTIORIS
Systematis Mundi .

Stellæ fixæ

Lyra Lucida

Saturnus

Jupiter cum 4 Lunis

Martis facies non dum cognita

Luna
Terra

Venus

Mercurius

Mace.

Solis

Stellæ fixæ

Canis major

Stellæ fixæ

Stellæ fixæ

ICONISMUS IV.

Lib. I. Cap. 19. et
Lib. VI. Cap. 1.

Das hatte schon der Grieche Ptolemäus gesagt, also musste es stimmen. In Polen wollte ein Wissenschaftler das beweisen: Nikolaus Kopernikus. Aber bei seinen Beobachtungen der Planeten kam er zu dem Schluss, dass die Planeten, also auch die Erde, um die Sonne kreisen.

Er veröffentlichte seine Erkenntnisse erst ein Jahr vor seinem Tod. Aber nicht aus Angst, mit der Kirche in Konflikt zu geraten. Im Gegenteil, die Kirche, besonders Papst Clemens VII., hat ihn um die Veröffentlichung gebeten.

Außer Kopernikus hatten auch andere Astronomen festgestellt, dass sich die Bewegungen der Planeten mit dem Modell von Ptolemäus nicht erklären lassen. Es hatte aber den Vorteil, dass es mit einigen Stellen in der Bibel übereinstimmte. Aber auch Kopernikus musste viele seiner Thesen einfach behaupten und konnte sie nicht immer mit Beobachtungen beweisen.

Mit seinem Fernrohr entdeckte Galilei die Bewegung der Jupitermonde um den Jupiter. Für die Monde war der Jupiter das, worum sie sich drehten. Nicht die Erde. Als Galilei dann entdeckte, dass die Venus wie unser Mond mal ganz, mal sichelförmig zu sehen ist, wobei die Lichtquelle ja immer die Sonne sein musste, war klar: Die Planeten drehen sich um die Sonne.
Das sahen auch die Vertreter der Kirche ein.

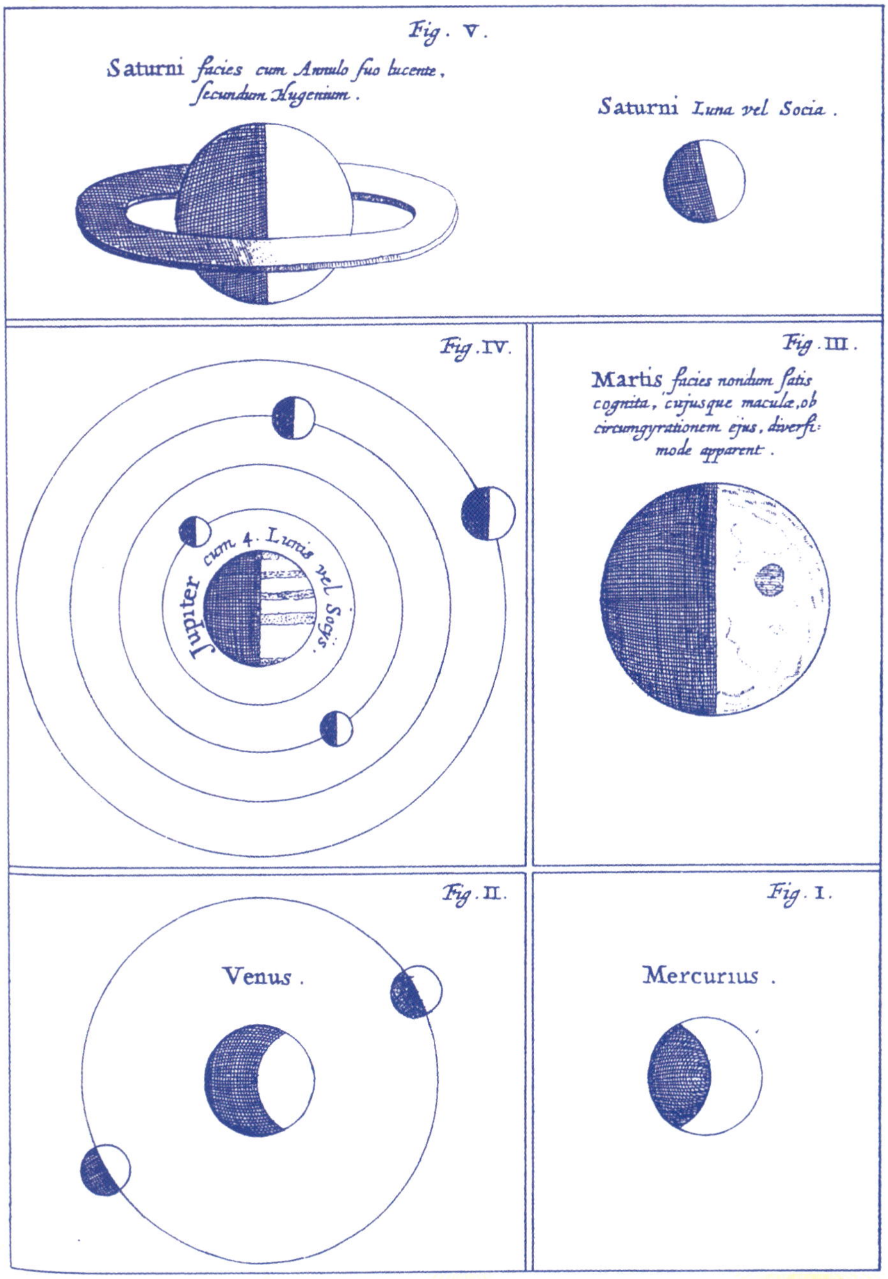

Galilei wurde vom Papst ausgezeichnet, das Jesuitenkollegium bestätigte und präzisierte seine Beobachtungen. Zwischen der Kirche und ihm war also alles klar. Nicht so zwischen ihm und seinen Kollegen an den Universitäten. Die weigerten sich stur, auch nur durch das Fernrohr zu gucken. Er beschimpfte sie als „Dummköpfe" und „geistige Pygmäen", wurde aber auch selbst zum Sturkopf, weil er das Modell von Kopernikus als bewiesen hinstellte.
Wenn er es als Arbeitsmodell hingestellt hätte, an dem weitergeforscht werden muss,

Der Prozess des Galilei

hätte er keine Probleme gehabt. So war es eigentlich die Kirche, die ihn dazu bringen wollte, auch die Fragezeichen zu sehen, wie es sich für jeden Wissenschaftler gehört.

Die Inquisition verbot die Schrift von Kopernikus, ließ sie aber wieder zu, als statt des Wortes „Wahrheit" in Bezug auf die Bewegung der Erde um die Sonne der Begriff „Hypothese" gebraucht wurde. Und wirklich gab es Beobachtungen, die dem Modell von Kopernikus

widersprachen. So wurde Galilei angeboten, er könne sagen, sein Modell sei wahr, aber nicht absolut wahr. Galilei lehnte das ab und verwies auf seine Theorie der Gezeiten. Ebbe und Flut entstehen durch die Bewegung der Erde, behauptete er, ohne es beweisen zu können.

Um die Sache zu klären, wurde er vor ein Inquisitionsgericht geladen. In Rom angekommen, wurde er komfortabel in einer großen Wohnung mit Diener und Blick auf die vatikanischen Gärten untergebracht. Aber auch im Jahr 1633 war ein Prozess vor dem Inquisitionsgericht keine harmlose Sache.
Erst 33 Jahre vorher war der Mönch Giordano Bruno wegen seiner Ansichten, die den Lehren der Kirche widersprachen, auf dem

Scheiterhaufen verbrannt worden. Galilei bekam Panik und schwor, dass Kopernikus Unrecht hatte. Seine Bücher wurden verboten und er zu Kerkerhaft verurteilt. Bei Verkündung des Urteils soll er gesagt haben: „Und sie bewegt sich doch" – was aber sehr wahrscheinlich nicht stimmt.

In den Kerker ist Galilei nie gewandert. Er lebte noch zehn Jahre in einem kleinen Dorf bei Florenz und schrieb ein Buch über das Trägheitsgesetz, das Pendelgesetz und die Gesetze des freien Falls, wobei er nicht nur experimentierte und beobachtete, sondern diese Naturgesetze auch mathematisch berechnete.

Als Galileo Galileis Prozess stattfand, war die Wissenschaft eigentlich schon viel weiter.
Der Däne Tycho Brahe und der Deutsche Johannes Kepler hatten bereits vorher herausgefunden, dass die Planeten auf elliptischen Bahnen um die Sonne kreisen.

Wer die Bewegung der Sterne und Planeten beobachtet, stellt sich früher oder später die Frage, was denn die Himmelskörper bewegt und warum ihre Bewegung sich nicht verlangsamt. Konnte man sich das so vorstellen, dass im Weltraum keine Luft ist, leerer Raum? Konnte man nicht oder nur schwer. Ich kann mir das auch nur schwer vorstellen, denn Luft ist ja immer da, wir sehen sie nicht und spüren sie nur in Form von Wind.

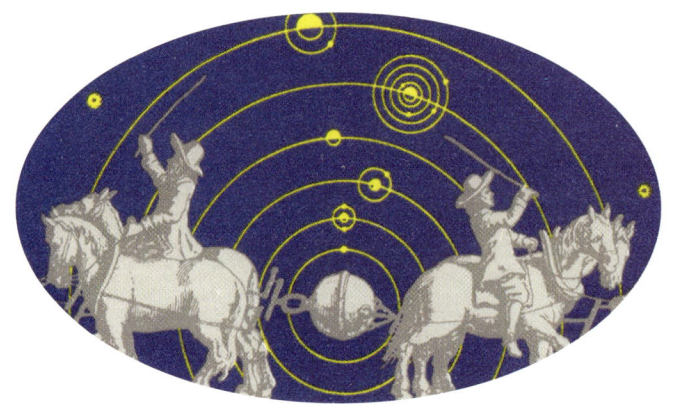

Das ging den Menschen vor vierhundert Jahren sicher auch so. Damals machte sich ein Mann auf die Suche nach dem Nichts, dem luftleeren Raum. Er kam aus guter Familie, hatte Jura studiert, sich aber auch mit Naturwissenschaften beschäftigt. Er lebte von 1602 bis 1686. Mit Vornamen hieß er Otto, mit Nachnamen Guericke. Später wurde er in den Adelsstand erhoben und hieß:

Otto von Guericke

Otto pumpt sich ein Vakuum

Aber wie kann man ein Nichts herstellen? Er probierte viel herum und fand schließlich eine Feuerwehrspritze am besten, an der er zwei zusätzliche Klappventile anbrachte. So konnte er Luft pumpen. Nicht nur irgendwo hinein, sondern auch heraus. Mit einem Holzfass fing er an. Er ließ es sorgfältig mit Teer abdichten und pumpte die Luft heraus. Am Anfang ging das noch gut, aber als er länger gepumpt hatte, hörte er ein merkwürdiges Zischen. Irgendwie, irgendwo fand die Luft doch einen Weg in das Fass.

Um das Fass noch besser abzudichten, baute er um das Fass ein zweites Fass, das er mit Wasser füllte. Aber auch da hörte er nach einiger Zeit das vertraute

Zischen der Luft. Viele hätten an dieser Stelle einfach aufgegeben und das Experiment für gescheitert erklärt. Nicht so Otto Guericke. Er war zäh, um nicht zu sagen stur.

Weil Holz nicht luftdicht genug zu kriegen war, probierte er es mit Metall. Er ließ ein Gefäß aus Blech anfertigen. Als er das leer pumpte, fand er das Nichts nicht, aber ein zusammengeknülltes Blechgefäß. Es sah aus, als hätte ein Riese es zusammengedrückt, aber es war „nur" die Luft.

Guericke merkte, er war dabei, etwas zu entdecken, das große Kraft hat. Er ließ zwei dickwandige Halbkugeln schmieden. Die konnte er, wenn er sie zusammensetzte, so gut abdichten, dass er beim Leerpumpen kein Zischen der Luft mehr hörte.

Otto von Guericke hat sich nicht nur mit dem Nichts beschäftigt, sondern auch mit viel handfesteren Dingen. Er baute die Festungsanlagen von Magdeburg, war sozusagen „Botschafter" seiner Stadt in schwierigen Verhandlungen. Denn es herrschte Krieg – der Dreißigjährige Krieg. Später wurde er dann Bürgermeister seiner Stadt.

Was wohl die Helfer gedacht haben, als sie immer wieder unter großer Anstrengung Gefäße leer pumpen mussten?

47

Luft ist nicht nichts

Das Wasserglas-Experiment

Weil die Luft immer um uns ist, nehmen wir sie gar nicht wahr. Wenn man von jemand sagt: „Der ist Luft für mich", bedeutet das, der ist für mich gar nicht da. Aber Luft ist nicht nichts, wie der folgende einfache Versuch beweist.

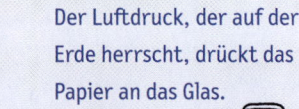

Einfach ein Wasserglas fast bis zum Rand füllen und ein Stück Papier darauf legen.
Das Papier sollte am besten etwas fester als normales Schreibmaschinenpapier sein, dünne Pappe ist ideal.

Eine Hand auf das Papier legen und das Glas auf den Kopf stellen.

Dann muss man mutig sein. Denn eigentlich sagt der gesunde Menschenverstand, dass das Wasser

jetzt ausläuft. Wenn das Papier gut am Glas anliegt, bleibt es aber kleben.

Der Luftdruck, der auf der Erde herrscht, drückt das Papier an das Glas.

 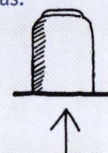

Aber irgendwann

ist das Papier durchgeweicht, dann ist es am besten, wenn man dieses Experiment an einem Waschbecken gemacht hat.

Sonst gibt's nasse Füße.

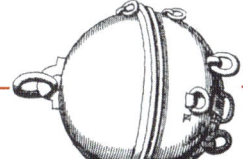

Ein Experiment mit sechzehn Pferden:

Die Magdeburger Halbkugeln

Guerickes Kugel sah nach dem Auspumpen noch genau aus wie vorher, aber er konnte die beiden Hälften auch nicht mehr voneinander trennen. Guericke holte Pferde. Wie viele würde er brauchen, um die beiden Halbkugeln voneinander zu trennen? Zwei Pferde, eins auf jeder Seite, schaffen es nicht. Er versucht es mit vier Pferden, sechs, acht, zehn. Selbst mit sechzehn Pferden gelingt es nicht, die zwei Halbkugeln zu trennen, die eigentlich nur dadurch zusammenhalten, dass die Luft aus ihnen herausgepumpt ist.

Das Experiment mit den Pferden und den Halbkugeln hat Guericke noch oft wiederholen müssen. Denn das war immer ein großes Fest. Guericke wurde damit berühmt und manche Reisende kamen nur deswegen nach Magdeburg, um die „Magdeburger Halbkugeln" zu bestaunen. Ob es Otto Guericke irgendwann gelungen ist, die beiden Halbkugeln mit Pferden zu trennen, wissen wir nicht.

Wir wissen aber, dass er sich mit
dieser Entdeckung nicht
zufrieden gegeben hat.
Es gab diese Kraft, das wusste
er jetzt.
Aber wie groß war sie?

An die Ketten, die an die Kugel geschmiedet waren,
hängte er eine Platte, auf die er Gewichte häufen
konnte. Erst als er 775 Kilogramm auf die Platte gesta-
pelt hatte, rissen die beiden Halbkugeln auseinander.
775 Kilogramm – so viel wiegt ein kleines Auto.

Luftdruck hat Kraft

**Welche Kraft der Luftdruck hat, zeigt dieser
Versuch mit einer Plastikflasche.
Es muss keine Plastikflasche sein,
auch jede andere Getränkever-
packung, die flexibel
ist und verschraubbar,
eignet sich dafür.**

In die Flasche kommt heißes Wasser.

Gut durchspülen, zuschrauben
und in kaltes Wasser
oder in den Kühlschrank legen.

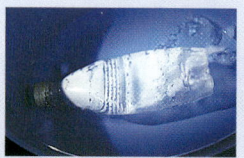

Weil warme Luft
sich ausdehnt,
ist die warme Luft
in der Flasche
dünner als die Raumluft.
Was dieser kleine
Unterschied ausmacht!

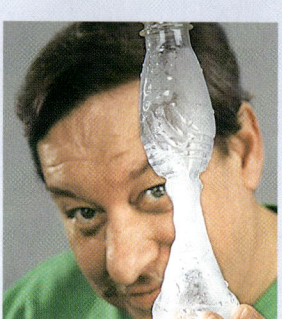

Statt des Verschlusses
kann man auch einen Ballon
über die Flaschenöffnung ziehen.
Was dann passiert,
finde ich ziemlich lustig.

Guericke war klar, dass die Luft, die die beiden Halbkugeln zusammendrückte, nicht nur von oben auf die
Erde drückt, sondern von allen Seiten. Der Luftdruck
musste zum Beispiel auch auf Wasser drücken.

Das wollte sich Guericke zu Nutze machen, um die Stärke des Luftdruckes noch genauer bestimmen zu können.

Was das Vakuum
und der Luftdruck
mit dem Wetter zu tun haben

Guericke pumpte aus einem Glaskolben die Luft heraus und hielt ihn unter Wasser. Das Wasser strömte in den Kolben und stieg leicht über die Wasseroberfläche. Wenn er keinen Kolben, sondern einen Zylinder nähme, wie hoch könnte die Wassersäule darin steigen? An seinem Haus in Magdeburg brachte Guericke eine Säule aus Glas an, die über zehn Meter hoch war. Wie hoch würde das Wasser steigen, wenn er sie leer pumpte? Als er die leer gepumpte Säule das Wasser ansaugen ließ, stieg es fast zehn Meter hoch.

Als er nach ein paar Tagen die Wassersäule sinken sah, dachte er zunächst, das läge an undichten Ventilen oder anderen Unzulänglichkeiten. Das hatte er bei seinen Experimenten ja oft genug beobachtet. Aber zu seiner großen Überraschung stieg die Wassersäule nach ein paar Tagen wieder.

Wenn man ein Glas ganz eintaucht und dann umgedreht hochzieht, bleibt das Wasser drin.

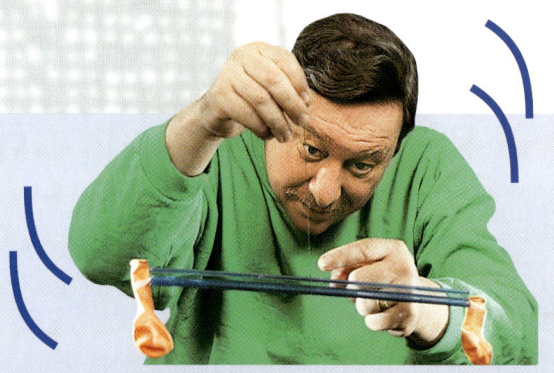

Luft hat ein Gewicht

Wie drückt die Luft? Hat Luft ein Gewicht? Heute können wir das viel leichter rauskriegen als Otto Guericke. Weil wir Ballons haben. Davon braucht man zwei und ein Lineal sowie ein wenig Faden.

An ein Plastiklineal werden zwei Ballons gebunden. Dazu kommt in der Mitte des Lineals noch ein Aufhängefaden.

Bei einem 30- Zentimeterlineal ist die Mitte bei 15 Zentimetern.

Wenn beide Ballons in der Waage sind, wird einer aufgeblasen.

Ganz eindeutig ist der aufgeblasene Ballon jetzt schwerer.

Otto Guericke notierte den Stand der Wassersäule immer wieder und stellte dabei fest, dass der Luftdruck, den er mit seiner Wassersäule messen konnte, mit dem Wetter in Zusammenhang stand. Er beobachtete, dass das Wetter eher schlecht war, wenn die Wassersäule sank. Wenn sie stieg, schien meist die Sonne. Als es ihm gelang, ein Unwetter vorherzusagen, stieg er sicher in der Achtung seiner Mitbürger.

Heute müssen wir den Luftdruck nicht mehr in zehn Meter Höhe ablesen. Wir haben handlichere Luftdruckmesser oder Barometer. Diese Barometer sind für die Wetterkundler, die Meteorologen, immer noch sehr wichtig.

An vielen Stellen auf der Erde messen sie den Luftdruck. Aus diesen Messungen entstehen Wetterkarten, auf denen die Stellen gleichen Luftdrucks mit Linien verbunden werden. Die Fachleute nennen diese Linien Isobaren. Gebiete mit niedrigem Luftdruck werden „Tief" genannt, Gebiete hohen Luftdrucks „Hoch".
Auf der Wetterkarte steht dann ein „H" oder ein „T".

Luftdruck ist messbar

Otto Guericke hat den Luftdruck mit einer Wassersäule an seinem Haus gemessen. Barometer, so heißen heute Luftdruckmesser, bestehen aus einer leer gepumpten Metalldose. Daran ist über einige Fäden ein Zeiger befestigt, der anzeigt, wie stark der Luftdruck die Dose zusammenpresst.

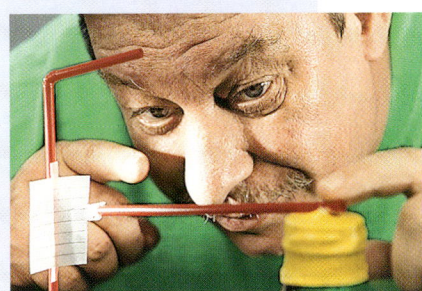

Wenn man einen Luftballon über einen breiten Flaschenhals zieht und einen Zeiger darauf klebt, kann man sich leicht selbst ein Barometer bauen.

Wenn man am anderen Ende des Zeigers dann Markierungen macht, kann man die Veränderung des Luftdrucks ablesen. Das funktioniert allerdings nur, wenn die Temperatur gleich bleibt. Denn eine Temperaturveränderung würde ja dazu führen, dass die Luft in der Flasche sich ausdehnt oder zusammenzieht.

Wenn wir uns dann das Satellitenbild zu der Wetterkarte ansehen, kann man feststellen, dass sich das Wetter tatsächlich an diese Linien hält. Dass wir heute das Wetter vorhersagen können, haben wir also auch dem sturen Otto von Guericke zu verdanken, der sich vor vierhundert Jahren in Magdeburg auf die Suche nach dem Nichts begab. Und ohne das von Guericke gefundene Vakuum gäbe es keine Glühbirne und keine Fernsehröhre.

Als Mensch des 17. Jahrhunderts konnte sich Guericke aber nicht vorstellen, dass das Nichts einfach nichts ist. Denn wo war Gott im Nichts? Guericke beschrieb das Nichts so: „Das Nichts ist dem Himmel gleich, höher als alle Sterne, gewaltig wie des Blitzes Strahl, vollendet und allseits gesegnet. Das Nichts ist aller Weisheit voll."

Wer könnte behaupten, er hat Unrecht. Schließlich ist auch für die Buddhisten das letzte Ziel das Nirvana, das Nichts.

Von heißer **Luft,** wachsenden **Gummibärchen** und trägem **Geld**

Warme Luft kann bewegen

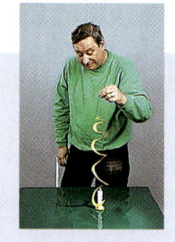

Wer in der Mitte eines Pappkreises einen Faden befestigt, die Pappe dann in einer Spirale aufschneidet, das dann über eine Kerze hält, kann beobachten, wie sich die Spirale in Bewegung setzt. Wem das noch zu wenig Bewegung ist, sollte aus dem Pappkreis ein Windrad bauen.
Das Besondere an unserem Windrad: Die Nadel wird von einem Magneten gehalten. Dadurch ist die Reibung minimal.

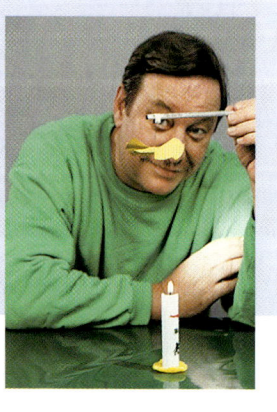

Der schnelle Heißluftballon

Heiße Luft steigt nach oben. Auch in einer Mülltüte. Wenn man einen kleinen Pappring in deren Öffnung klebt und mit einem Fön reinbläst, steigt sie nach oben. Nur mit heißer Luft!

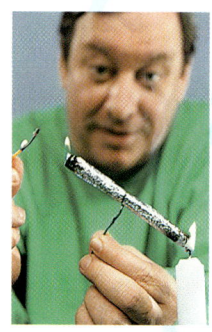

Eine Kerze mit Gasleitung

Bevor eine Kerze brennen kann, muss Hitze das Wachs verdampfen. Erst das Gas, das dabei entsteht, brennt. Das kann man auch mit einem Rohr aus Alufolie ableiten. Das sollte man aber nicht anfassen, denn es ist heiß!

Der Wasserberg

Eine Korkscheibe in einem Wasserglas schwimmt dahin, wo sie will, meistens an den Rand. Wenn ich aber das Wasserglas vorsichtig mit einer Pipette bis über den Rand auffülle, bildet sich durch die Oberflächenspannung ein Wasserberg. Und weil die Korkscheibe immer ganz oben schwimmen will, muss sie auf die Bergspitze, also in die Mitte.

Besserer Schaum

Wenn man mit einem Strohhalm in Seifenlauge bläst, entsteht Schaum. Die Blasen sind aber groß und zerfallen schnell. Ein Schwamm vor dem Strohhalm bewirkt, dass die Blasen ganz klein werden und stabiler Schaum entsteht.

Mit Schwämmen pumpen

Zwei Gläser mit Wasser. Bei einem haben wir für das Fotografieren das Wasser gefärbt.
Auf das andere Glas drei Schwammtücher, durch die wir einen Strohhalm gebohrt haben.
Wenn man das eine auf das andere setzt, wird das Wasser im oberen Glas von den Schwämmen aufgesaugt. Dadurch entsteht ein Unterdruck, der das Wasser von unten ansaugt.

Streichholz-schiffchen

Wenn man die Enden von Streichhölzern spaltet, ein kleines Stück Seife dazwischen klemmt und sie aufs Wasser setzt, hat man kleine Schiffchen mit einem flotten Antrieb. Wie funktioniert das? Das liegt an der Oberflächenspannung. Wenn man Babypuder aufs Wasser streut, bleibt der auf der Wasseroberfläche liegen. Ein Spritzer Seife – und die Oberfläche verändert sich sofort.

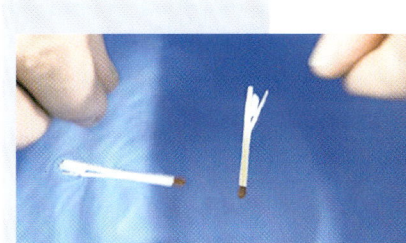

Wie kriege ich eine Seifenblase in eine Seifenblase?

Wenn man große Seifenblasen machen will, ist ein Trichter dafür ideal. Für kleinere hat sich ein Strohhalm bewährt, der am Ende aufgeschnitten ist. Wenn man den Strohhalm in Seifenlauge taucht, kann man die große Blase durchstechen, ohne dass sie platzt. Und dann in der Blase eine Blase aufblasen. Das Rezept für die Flüssigkeit findet ihr übrigens auf der Maus-Homepage www.die-maus.de

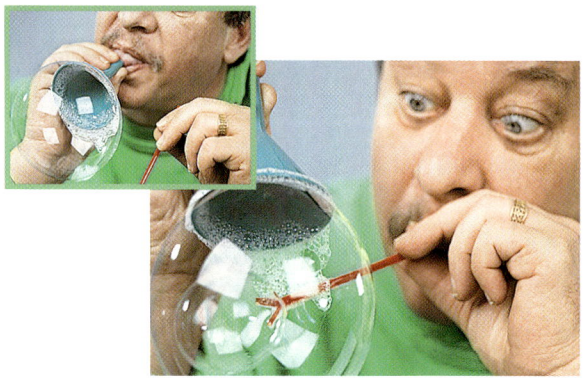

Wie ein kleines niedliches Gummibärchen zum Riesen wird

Ganz einfach: ins Wasser legen! In Gummibärchen ist Gelatine, die im Wasser quillt.
Im Wasser werden übrigens der Zucker, der auch im Gummibärchen ist, und die Farb- und Geschmacksstoffe gelöst. Wenn der gequollene Bär wieder getrocknet wird, ist er hart und schmeckt nach nichts.

Eiswürfel- angeln

Auch wenn Wasser in Form von Eis schmilzt, entsteht Kälte. Wenn man auf einen Eiswürfel, der im Wasser schwimmt, Salz streut, schmilzt er an der Oberfläche, weil Salzwasser bei tieferen Temperaturen gefriert. Wenn man dann einen Faden auf den Eiswürfel legt, friert der bald fest und man kann den Eiswürfel rausangeln.

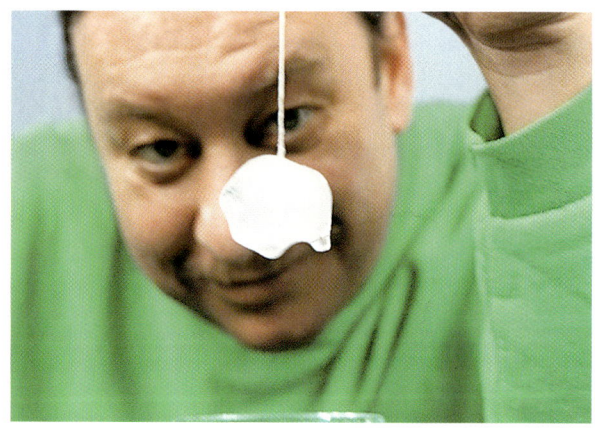

Wenn Flüssigkeit verdunstet, wird´s kälter

Wenn man sich mit lauwarmem Wasser das Gesicht wäscht, merkt man schon, wie schön kühl die Haut wird. Den Beweis für diese so genannte Verdunstungskälte kann man antreten, wenn man zwei Thermometer hat. Um eines wird ein feuchter Wattebausch gewickelt. Dann braucht man noch einen Fön, der auch kalte Luft pusten kann.

Wie man eine Münze in ein Glas bekommt, ohne sie anzufassen

Ein Glas, ein Stück Papier, darauf eine Münze. Wenn man an dem Papier schnell und beherzt zieht, scheint die Münze für einen Moment in der Luft stehen zu bleiben, um dann in das Glas zu klimpern. Die Münze ist nämlich träge.

Als Trägheit bezeichnen Wissenschaftler die Tendenz von Gegenständen, in dem Bewegungszustand zu verharren, in dem sie gerade sind. Also, wenn sie sich bewegen, sich weiter zu bewegen, oder wenn sie still liegen, liegen zu bleiben.

Der laute Luftballon

Wenn man an einem Ballon reibt, gibt das ein knarzendes Geräusch.

Wenn man den Ballon so nah ans Ohr hält, dass er es berührt, wird es ganz laut.

Der Ballon ist nämlich ein Schallverstärker, eine Membran, wie die Fachleute sagen. So eine Membran ist übrigens auch im Ohr. Da heißt sie Trommelfell.

Ein Löffel lässt von sich hören

Die Schallschwingungen kann man auch übertragen. Zum Beispiel mit einem Bindfaden, den man an einen Löffel knotet. Wenn man sich die Bindfadenenden ins Ohr steckt, kann man deutlich hören, welches Geräusch der Löffel macht, wenn er zum Beispiel an die Tischkante gestoßen ist.

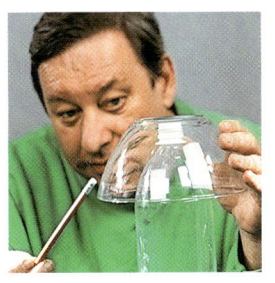

Eine Schüssel wird zur Glocke

Wenn man eine Glasschüssel auf eine Flasche stellt, klingt sie wie eine Glocke. Wenn man sie mit der Hand festhält, ist es aus mit dem schönen Klang.

Das liegt daran, dass die Glockentöne Schwingungen sind, die von der Hand gebremst werden.

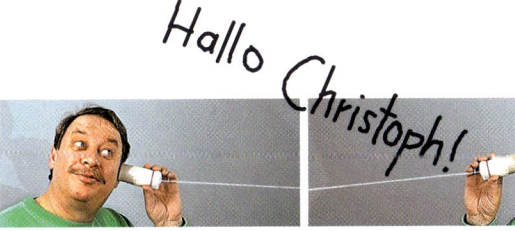

Hallo Christoph!

Das einfachste Telefon der Welt

Mit über einen Faden übertragenen Schall kann man natürlich auch telefonieren. Man braucht nur zwei Toilettenpapierrollen und als Membran etwas Einwickelpapier oder Plastikfolie. So kann man sich über mehrere Meter hinweg etwas zuflüstern!

57

Noch im Jahr 1665 verbreitete die Pest Angst und Schrecken in Europa. Die Universität Cambridge wurde geschlossen und ein junger Mann namens Isaac Newton musste seine Studien unterbrechen und zu seinen Eltern aufs Land ziehen. Das war ein Glück für ihn und für die Wissenschaft. Denn auf dem Hof seiner Eltern konnte Newton in den folgenden zwei Jahren ungestört und nach Herzenslust experimentieren.

Newton und die Naturgesetze

An der Universität Cambridge hatte sich Newton im Eiltempo alles angeeignet, was damals über Physik, Astronomie und Mathematik bekannt war.

Sehr lästig fand er die Tatsache, dass beim Blick durch das Teleskop immer bunte Ringe zu sehen waren, wenn er es auf einen hellen Stern richtete. Er wollte dieser Erscheinung auf den Grund gehen und schliff ein Stück Glas in Form eines Dreiecks, also die Form, die die Teleskoplinse am Rand hat.

So ein Dreieck nennt man Prisma.

Er bohrte ein Loch in eine Scheunentür und hielt das gläserne Dreieck davor. Und während draußen die Sonne auf die Scheune fiel, sah Newton drinnen das Licht in allen Farben des Regenbogens. Das Prisma hatte offensichtlich das Sonnenlicht in verschiedene Farben aufgeteilt. Newton war sich bewusst, wie wichtig seine Entdeckung war. Er experimentiere fieberhaft weiter. Es gelang ihm, aus den Regenbogenfarben wieder weißes Licht zu machen. Damit hatte er bewiesen, dass sich weißes Sonnenlicht aus verschiedenen Farben zusammensetzt. Das Glasprisma lenkt die verschiedenen Farben unterschiedlich ab. Rot am wenigsten, Violett am stärksten.

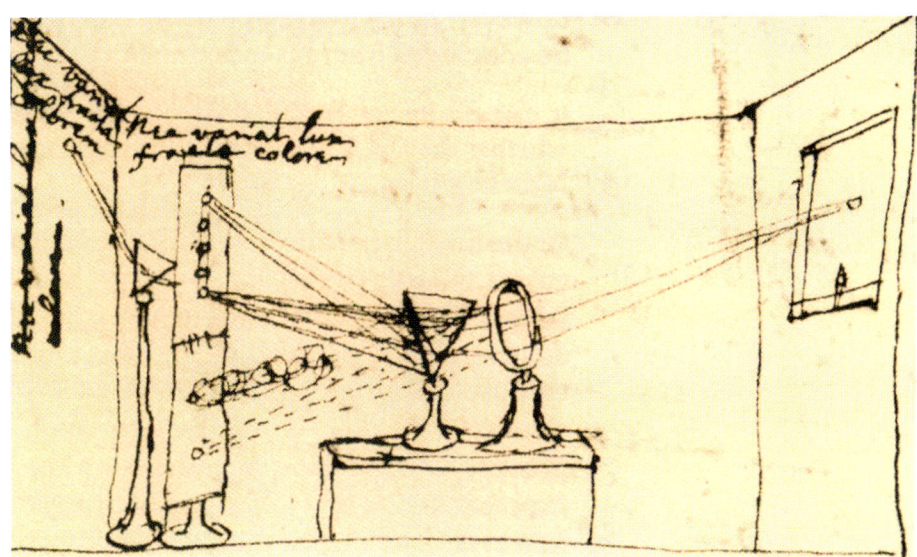

In den zwei Jahren auf der Farm seiner Eltern hat Newton außerdem noch die Infinitesimalrechnung entwickelt. Ein Gebiet der Mathematik, das für jeden Wissenschaftler sehr wichtig ist. Allerdings muss ich zugeben, dass ich schon in der Schule nicht verstanden habe, worum es dabei überhaupt geht. Also muss Newton schon ein großes mathematisches Genie gewesen sein. Das fanden auch seine Zeitgenossen und machten ihn mit vierundzwanzig Jahren zum Professor.

Leider war Newton auch humor-
los und konnte Kritik überhaupt nicht vertragen.
Bald schloss er sich in sei-
nem Studierzimmer ein und widmete sich der Alchimie. Er war auf der Suche nach dem Wissen der „Alten", womit er wohl die Ägypter und Griechen meinte. Und das, obwohl er in seinen eigenen Studien erkannt hatte,

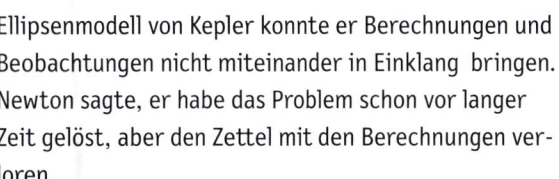

dass vieles von dem, was Aristoteles geschrieben hatte, nicht stimmte. Man beobachtete, wie sein Schornstein viele Tage und Nächte rauchte, aber was genau er in seinem Laboratorium forschte, hielt
er streng geheim, um nicht der
Welt „unermesslichen Schaden
zuzufügen", wie er sagte.

Einem jungen Astronomen namens
Edmond Halley (der, nach dem später der Halleysche Komet benannt
wurde) gelang es, zu Newton vorzu-
dringen. Er wollte die Bahnen der
Planeten berechnen, aber mit dem
Ellipsenmodell von Kepler konnte er Berechnungen und Beobachtungen nicht miteinander in Einklang bringen. Newton sagte, er habe das Problem schon vor langer Zeit gelöst, aber den Zettel mit den Berechnungen verloren.

Halley gelang es, Newton zu überreden, die Berechnungen zu wiederholen. Und später regte er ihn sogar an, ein Buch darüber zu schreiben „Philosophiae naturalis principia mathematica" („Die mathematischen Prinzipien der Naturphilosophie", heute würden wir sagen: Naturwissenschaften)

Ein bedeutendes Buch, aber auch ein sehr schwer verständliches Buch. Newton sagt, es gäbe drei Naturgesetze, Axiome, die alles erklären.

1 Das erste handelt von Trägheit: Ein Körper will in seinem Bewegungszustand bleiben. Steht er still, muss er erst durch Einwirkung einer Kraft in Bewegung gesetzt werden. Bewegt er sich, bedarf es wieder einer Kraft, die ihn zum Stillstand bringt. Wenn Planeten im Weltall ihre Bahnen ziehen, bedeutet das, dass sie keine Kraft bremst.

2 Das zweite Axiom sagt, dass die Bewegung von der Kraft abhängt, die aufgebracht wurde, eine Masse in Bewegung zu setzen, zu beschleunigen oder zu bremsen.

3 Das dritte Axiom sagt, dass es zu jeder Kraft eine Gegenkraft gibt. Das beste Beispiel ist unser Raketenballon. Die eine Kraft treibt die Luft aus dem Ballon, die Gegenkraft bewegt unsere Ballonrakete.

Der Raketenballon

Das hat bestimmt jeder schon mal versucht: einen Luftballon aufblasen, nicht zuknoten, sondern einfach fliegen lassen. Der fliegt dann ziemlich wild in der Gegend rum. Mit unserer Ballonrakete wird der Luftballon gezähmt und auf eine gerade Bahn gelenkt.

An den Ballon wird einfach ein kleines Stück Trinkhalm geklebt. Der Trinkhalm sollte nicht zu schmal sein, denn durch den Trinkhalm wird noch ein Faden geführt, dessen Ende irgendwo festgeknotet wird. Zum Beispiel an einer Türklinke.

Dann ein paar Meter zurückgehen, den Ballon aufblasen, die Schnur stramm ziehen und loslassen. Natürlich kann man auch beide Enden festknoten.

Das haben wir so gemacht, um die Fotos zu machen. Ich habe den Ballon oft auf die Reise geschickt, weil ich so viel Spaß daran hatte.

Isaac Newton hätte sich über diesen Versuch auch gefreut, denn er zeigt sehr schön, wie Kraft und Gegenkraft den Ballon in Bewegung setzen.

So hätte Newton den Ballon gesehen:

Kraft (Spannung, die die Luft rauspusten lässt)

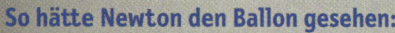

Gegenkraft, die den Ballon vorwärts bewegt

Newton hat die abstrakten Begriffe Masse und Kraft eingeführt und es so möglich gemacht, verschiedenste
Dinge zu vergleichen. Vor allem hat er entdeckt, dass
jede Masse jede Masse anzieht. Interessant ist dabei,
dass zum Beispiel der Mond die Erde genauso stark
anzieht wie die Erde den Mond. Diese Kraft nannte er
Gravitationskraft, die Schwerkraft auf der Erde ist die
Form von Gravitationskraft, die wir am besten kennen.
Newton hat später erzählt, die Idee sei ihm gekommen,
als er sah, wie ein Apfel vom Baum fiel.

Eine Kraft, die Erdanziehungskraft, sorgt dafür, dass der
Apfel zu Boden fällt. Aber auch wenn er am Boden liegt,
wirkt die Kraft weiter. Denn um den Apfel aufzuheben,
müssen wir wieder Kraft aufwenden.

Ob das mit dem Apfel wirklich so war, daran zweifeln
viele, weil er das zu einer Zeit erzählt hat, als er
hauptsächlich damit beschäftigt war, ein berühmter
Mann zu sein.

Was aber auf jeden Fall stimmt, ist, dass es durch
Newton zum ersten Mal möglich war, die Bahnen der
Planeten und Sterne vorherzusagen. Newton hat Beo-
bachten, Messen und Berechnen in den Mittelpunkt der
Naturwissenschaften gerückt.

So gelang es mithilfe
von Newtons Formel
auch dem Astronomen
Edmond Halley, den Weg
des Kometen zu berech-
nen, den er im Jahr 1682
beobachtet hatte.
Er sagte ein Wiederer-
scheinen des Kometen
für das Jahr 1758/59
voraus, was tatsächlich
eintraf.

Leider lebten er und
Newton nicht lange
genug, um diesen
Triumph erleben zu
können.

Newton war Forscher,
Mathematiker, Alchi-
mist, Astronom, aber
auch Politiker.
Er war Parlamentsabge-
ordneter und im Vor-
stand der Royal Society,
die Forschungen, Expe-
ditionen und Wissen-
schaftler förderte.

Benjamin Franklin, Politiker und Erfinder des Blitzableiters

Auch im Leben von Benjamin Franklin spielte die Politik eine wichtige Rolle. Auf der Unabhängigkeitserklärung der Vereinigten Staaten von Amerika ist seine Unterschrift deutlich zu sehen. Aber er hat auch Experimente gemacht. Um davon zu erzählen, muss ich ein wenig ausholen.

Es ging um Elektrizität. Die alten Griechen hatten schon beobachtet, dass ein Stück Bernstein, das man zuvor an etwas gerieben hat, kleine Wollfäden anzieht. Bernstein heißt auf Griechisch „Elektron" und hat der Elektrizität damit ihren Namen gegeben. Fast sieht es so aus, als würde der Bernstein durch das Reiben aufgeladen, denn manchmal kann man einen kleinen Funken beobachten, der überspringt. Damit verliert das Bernsteinstück schlagartig seine Anziehungskraft. Es scheint die Elektrizität entladen zu haben.

Der elektrische Ballon

Die so genannte statische Elektrizität (statisch, weil die elektrische Ladung bestehen bleibt und kein Strom fließt) kann man auch mit einem Ballon beobachten,

den man an seinen Haaren reibt.

Der zieht dann Papierschnipsel an

und sogar einen Wasserstrahl.

Dieser kleine Funke brachte Franklin auf die Idee, dass auch ein Blitz mit dieser „Elektrizität" zu tun haben könnte.

Er machte ein Experiment, vor dessen Nachahmung dringend abzuraten ist: Er ließ bei einem Gewitter einen Drachen steigen und knotete an das Ende der Drachenschnur einen Schlüssel. Als er den Schlüssel mit der Hand berühren wollte, sprang ein kleiner Funke über, ein kleiner elektrischer Schlag. So wie man ihn bekommt, wenn man über einen Teppichboden gelaufen ist, oder manchmal, wenn man in ein Auto steigt. Hätte ein Blitz den Drachen getroffen, wäre das das Ende von Benjamin Franklin gewesen. Er hat Glück gehabt. Bei der Wiederholung dieses Versuchs sollen zwei Menschen zu Tode gekommen sein.

Auch viele andere Menschen haben Glück gehabt. Denn Benjamin Franklin experimentierte weiter und erfand den Blitzableiter, der sicher viele Menschen vor dem Tod bewahrt hat: ein dicker Draht, der an der Außenwand des Hauses die elektrische Ladung in den Boden ableitet. Sogar die Kirche, die sonst Neuerungen eher kritisch gegenüberstand, war von Franklins Erfindung angetan. Denn die Gebäude, die am häufigsten von Blitzen getroffen wurden, waren Kirchen.

In Italien
wird die Batterie entdeckt

Ein paar Jahre später experimentierte in Italien Luigi Galvani mit Froschschenkeln. Er beobachtete, dass sie zuckten, wenn er sie an sein Balkongitter hielt und einen elektrischen Funken erzeugte. Er dachte, die Elektrizität sei in den Froschschenkeln.

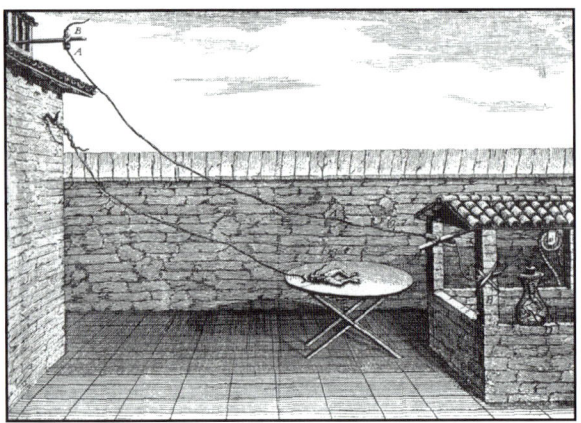

Dabei reagierten sie nur auf den elektrischen Strom, wie sein Kollege Alessandro Volta später feststellte. Volta experimentierte mit verschiedenen Metallplatten, die er in verschiedene Flüssigkeiten tauchte. Es gelang ihm, eine erste Batterie zu entwickeln. Das war sehr wichtig, denn jetzt konnte man Elektrizität jederzeit untersuchen und brauchte nicht auf ein Gewitter zu warten.

Er fand heraus, dass Elektrizität sich wie Wasser verhält, in Drähten fließen kann, wie Wasser in einem Bach strömen kann. Noch heute sagen wir zu Elektrizität auch Strom.

Zitronen-Batterie

Ob es eine Kartoffel, ein Apfel oder eine Zitrone ist – das Prinzip ist immer das Gleiche. Zwei verschiedene Metalle, hier eine Büroklammer mit Kupferummantelung und ein Nagel aus Eisen und eine säuerliche Flüssigkeit. Zwischen den beiden Metallen beginnt ein Strom zu fließen, der hier allerdings nur sehr klein ist. Er reicht aber, um es im Kopfhörer knacken zu lassen.

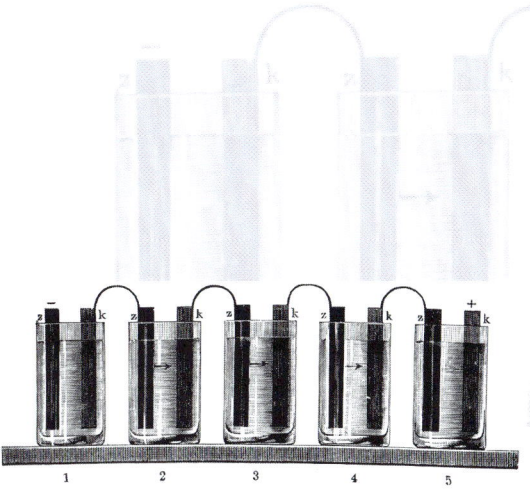

Volta entdeckte auch, dass man die Stromspannung erhöhen konnte, indem man mehrere seiner „galvanischen Elemente" hintereinander schaltete.
Noch heute erinnert die Bezeichnung der Spannung „Volt" an Alessandro Volta.

Der Däne Christian Örsted experimentierte weiter. Er leitete den Strom aus einer Batterie durch einen Draht,

dadurch konnte er die Nadel eines Kompasses beeinflussen. Darauf baute der Franzose Aragon auf, der einen Draht um einen Metallkern wickelte, Strom hindurchschickte und so einen Elektromagneten baute.

Der Engländer Michael Faraday wiederum entdeckte, dass nicht nur Elektrizität Magnetismus erzeugen kann, sondern Magnetismus auch Strom. Er bewegte einen Magneten in einer Spule. Und konnte an den Enden der Drähte einen Strom messen. Genau so funktioniert der Dynamo am Fahrrad, der aus der Bewegung des Rades Strom für die Beleuchtung macht. Wenn der Dynamo sehr groß ist, nennt man ihn Generator, zum Beispiel in einem Windrad oder in einem Kraftwerk.

In so einem Kraftwerk wird oft viel Öl oder Kohle verheizt. Aber Benjamin Franklin hat auch ein Experiment gemacht, das uns heute hilft, Energie zu sparen: Er legte an einem sonnigen Wintertag verschiedenfarbige Tücher in den Schnee und beobachtete. Nach einiger Zeit stellte er fest, dass das weiße Tuch den Schnee so gut wie gar nicht geschmolzen hatte, während das schwarze Tuch tief eingesunken war.

Das kann man auch mit einem schwarzen und weißen T-Shirt probieren.

Ganz eindeutig: das schwarze T-Shirt wird wärmer.

Von der
Sonnenwärme

Die Wärme der Sonne einfangen

Ob die Farbe Schwarz wirklich am besten ist, um die Wärme der Sonne einzufangen, haben wir mit diesen Schalen getestet. Der Scheinwerfer hat den Platz der Sonne eingenommen.

Damit die Wärme auch drin bleibt, haben wir Plastikfolie über die Schalen gespannt.

Damit nutzen wir den so genannten Gewächshauseffekt,

der dafür sorgt, dass Gewächshäuser warm werden. Jeder, der schon mal in ein Auto gestiegen ist, das in der Sonne stand, hat den Gewächshauseffekt kennen gelernt.

So funktionieren auch die Sonnenkollektoren, die man auf Hausdächern sieht. Über schwarzem Blech ist eine Glasabdeckung. Wasser, das in dünnen Röhren durch die Bleche geführt wird, bringt die Wärme ins Haus.

Wie man einen heißen Finger kriegt

Man kann einen Spiegel aus einer Fahrradlampe nehmen oder sich selbst aus Alufolie einen Spiegel mit einem Loch basteln. Dann auf den Finger stecken und den Finger in Richtung Sonne strecken. Das wird ganz schön heiß!

In Ländern mit viel Sonnenschein benutzt man dieses Prinzip, um Solarkocher und sogar ganze Kraftwerke zu bauen.

Wie die Sonne Wasser bewegt

Eine Schüssel mit feuchter Erde. In die Mitte haben wir ein Glas gestellt, darüber eine Plastikfolie gespannt und in die Mitte eine Murmel gelegt. Damit die Wassertröpfchen, die sich nach einiger Zeit an der Folie zeigen, zur Mitte hin ablaufen und in das Glas tropfen.

In manchen Büchern steht, dass man so in der Wüste Wasser gewinnen kann. Ich habe es ausprobiert – es klappt nicht, einmal, weil man im Wüstensand schlecht ein Loch graben kann, und vor allem, weil gar keine Feuchtigkeit da ist, die sich an der Folie niederschlagen könnte. Mit unserer feuchten Erde haben wir nach drei Stunden ein halbes Glas Wasser gehabt.

So wie in unserer Schüssel funktioniert übrigens auch der Wasserkreislauf der Erde: Wasser verdunstet, wird zu Wolken und regnet sich wieder ab. Und der Motor dieses großen Kreislaufs ist wie bei unserer Schüssel die Sonne.

67

Goethe sah die Farben anders

Wissenschaftler machen das heute noch so: Wenn sie von einem interessanten Experiment hören, machen sie es nach. Ein wissenschaftliches Experiment muss schließlich überall auf der Welt wiederholbar sein. Der deutsche Dichter Johann Wolfgang von Goethe hatte von den Experimenten Newtons zum Farbspektrum gehört und sich 1790 ein gläsernes Prisma geliehen. Er konnte kein Loch in eine Scheunenwand bohren wie Newton, wollte sich aber eine dunkle Kammer machen, mit einem Loch in einem Fensterladen. Dies und das kam dazwischen, unter anderem ein Umzug. Es wurde Zeit, das Prisma zurückzuschicken. Er schaute noch kurz durch das Prisma eine weiße Wand an und sie blieb weiß. Er konnte keine Farben sehen. Hatte sich Newton geirrt? Goethe war davon überzeugt, stellte weitere Untersuchungen an und schrieb ein dickes Buch (über 2000 Seiten!): seine „Farbenlehre".

Goethe war der Auffassung, dass die Natur von Gegensätzen bestimmt ist.

Zum Beispiel Licht und Finsternis. Die Farben waren daher das Ergebnis eines „Kampfes" zwischen Schwarz und Weiß. Seine Beobachtungen mit dem Prisma bestätigten das. Denn wenn er damit auf eine Stelle guckte, wo sich Schwarz und Weiß trafen, sah er Farben. Zunächst nur Rot- und Blautöne.

Er probierte mit verschiedenen Anordnungen von Hell und Dunkel weiter und fand heraus, dass er bei einem schmalen Mittelstreifen auch Grün und Purpur sehen konnte. Das nannte er eine „Komplikation" und hielt Grün und Purpur für Mischfarben.

Auf der Suche nach dem, „was die Welt im Innersten zusammenhält", forschte Goethe nach „Urphänomenen". Das Blau des Himmels und das Abendrot waren für ihn solche „Urphänomene". Mit einem Scheinwerfer anstelle der Sonne haben wir ein

Glas Wasser beleuchtet, in das wir einen Spritzer Milch gegeben haben. Die kleinen Fettkügelchen in der Milch sollen die Teilchen darstellen, die in der Luft schweben: Wassertröpfchen, Staub und so weiter.

Wenn wir durch das Glas auf den Scheinwerfer gucken – das entspricht dem Stand der Sonne am Mittag – sieht es blau aus.

Wenn wir es von der Seite betrachten, rötlich oder bräunlich. Deshalb sind für Goethe Blau und Rot die Grundfarben. Newton hat das

Himmelsblau und das Abendrot damit erklärt, dass die einzelnen Farben unterschiedlich abgelenkt werden.

Im Physikunterricht in der Schule wird heute die Erklärung von Newton gelehrt. Trotzdem ist die Sichtweise von Goethe interessant. Er untersuchte die Farben, weil er sie faszinierend und schön fand. Licht war für ihn nichts, das man berechnen sollte, Ferngläser und Mikroskope lehnte er ab. Man solle die Natur als Ganzes betrachten und nicht aufspalten, forderte er. Und sie nicht beherrschbar und berechenbar machen. Diese „ganzheitliche" Sicht der Dinge ist gar nicht so unwissenschaftlich, wie es zunächst aussieht. Ärzte, die eine „ganzheitliche Medizin" praktizieren, also nicht nur ein einzelnes Organ behandeln, sondern den ganzen Menschen, haben heute großen Zulauf.

Auch Newton war sich bewusst, dass sein Wissen nur einen sehr kleinen Teil dessen darstellte, was man über die Natur und ihre Gesetze wissen kann. Um den Zauber und die Magie, die er in der Natur beobachtete, zu ergründen, widmete er sich der Alchimie – genau wie Goethe.

Eine ganz besondere Lupe, Kopf stehen im Spiegel und die Farben des Regenbogens

Eine Münze wird gesehen

Eine Münze liegt in einer Müslischale. Wenn man so hinein-
guckt, dass man sie gerade nicht mehr sieht und dann Wasser
in die Schale gießt, wird sie gut sichtbar, weil das Wasser
einem ermöglicht, ein wenig um die Ecke zu gucken.

Ein Löffel stellt alles auf den Kopf

Ein Strohhalm auf Abwegen

Eine Überraschung erlebt, wer einen Strohhalm in ein Wasserglas steckt. Obwohl man ja weiß, dass der Strohhalm gerade ist, sieht man ihn, wenn man das Wasserglas von der Seite anschaut, unterbrochen. Das liegt daran, dass das Licht, wenn es in Wasser eintritt, gebrochen, also abgelenkt wird.

Wer sich auf der Innenseite eines Löffels spiegelt, steht auf dem Kopf. Warum? Wie ein Spiegel wirft der Löffel das Licht zurück. Aber weil er gekrümmt ist, kommt das Licht, das auf der oberen Löffelhälfte gespiegelt wird, unten wieder zurück. Das passiert mit dem Licht auf der unteren Löffelhälfte auch. Und so steht dann alles Kopf.

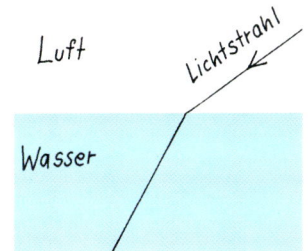

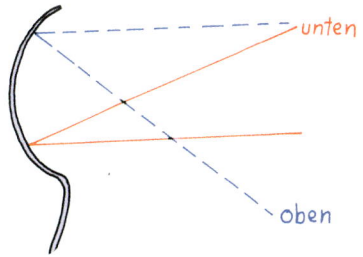

Ein Wassertropfen als Lupe

Ein Forscher, der gerade keine Lupe dabei hat, kann sich leicht eine basteln. Über ein Papploch eine Plastikfolie spannen und einen Wassertropfen darauf träufeln. Wenn man durch den Tropfen guckt, sieht man alles größer!

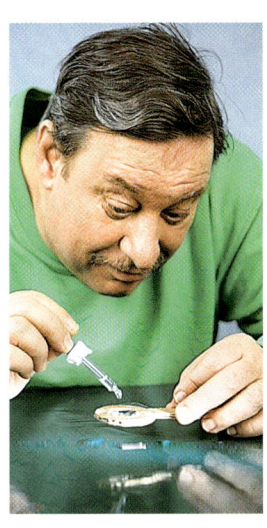

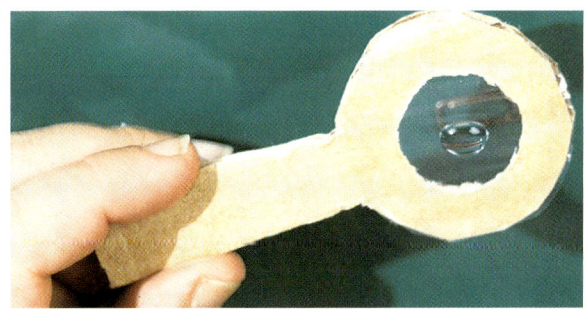

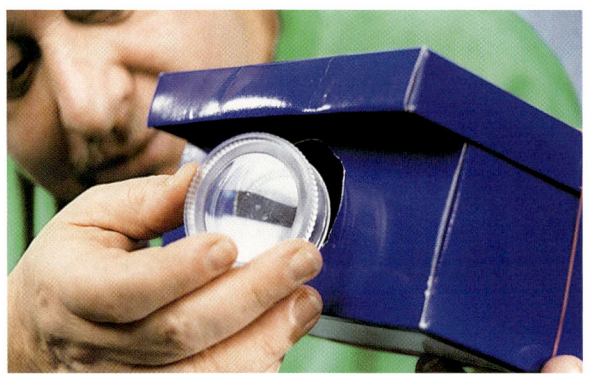

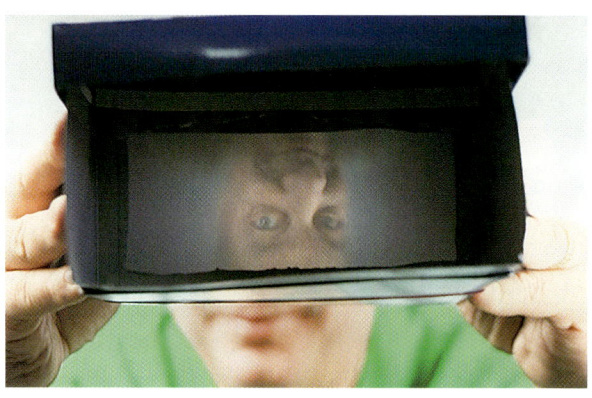

Ein Schuhkarton macht Karriere als Kamera

Wenn man in einen Schuhkarton ein Loch schneidet und eine Lupe hineinsteckt – wir haben hier das Oberteil einer Becherlupe genommen – und die gegenüberliegende Seite wegschneidet und durch Butterbrot- oder Backpapier ersetzt, sieht man auf dem Papier ein Bild, allerdings auf dem Kopf. Eine Kamera! Das ist Italienisch und heißt nichts anderes als Kammer.

Ein Miniregenbogen

Wer wie Newton das Licht nicht nur ablenken, sondern in die Regenbogenfarben aufspalten will, braucht dazu ein Prisma. Leider habe ich wie die meisten Leute kein Prisma im Haus. Aber wenn man einen Spiegel unter Wasser hält und das Licht an die Decke spiegelt, kann man auch die Farben des Regenbogens sehen.

Allerdings muss man rumprobieren, bis man den richtigen Winkel raushat.

Wie eine Batterie helfen kann, den Nordpol zu finden

Wenn man um einen Nagel oder eine Schraube isolierten Draht wickelt und die Drahtenden mit den Polen einer Batterie verbindet, wird der Nagel oder die Schraube magnetisch. Das kann man leicht feststellen, indem man probiert, Metallteile – wir haben hier mal Büroklammern genommen – anzuheben.

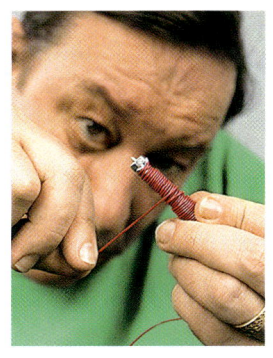 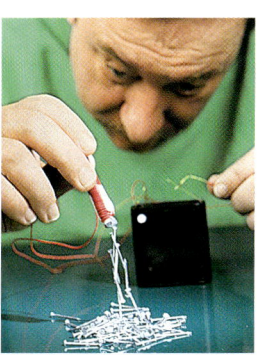

Wenn man dann mit dem selbst gebastelten Magneten über eine Nadel streicht (immer nur in eine Richtung), dann wird die Nadel magnetisch. Wenn man sie auf eine Korkscheibe klebt und in Wasser schwimmen lässt, hat man einen Kompass, denn die Nadel zeigt immer in Nord-Süd-Richtung. Im Süden steht am Mittag die Sonne, da gucken auch die Satellitenschüsseln hin, also ist in der anderen Richtung der Nordpol zu finden.

Wie man die Farben des Regenbogens noch sehen kann

Wenn ganz dünne Schichten im Spiel sind, wird das weiße Licht ebenfalls in die einzelnen Farben aufgespalten. So eine dünne Schicht ist zum Beispiel die Haut einer Seifenblase oder die Lackschicht auf einer CD. Die physikalische Erklärung dafür ist hochkompliziert, sodass ich es an dieser Stelle einfach vorziehe, mich der bunten Farben zu erfreuen.

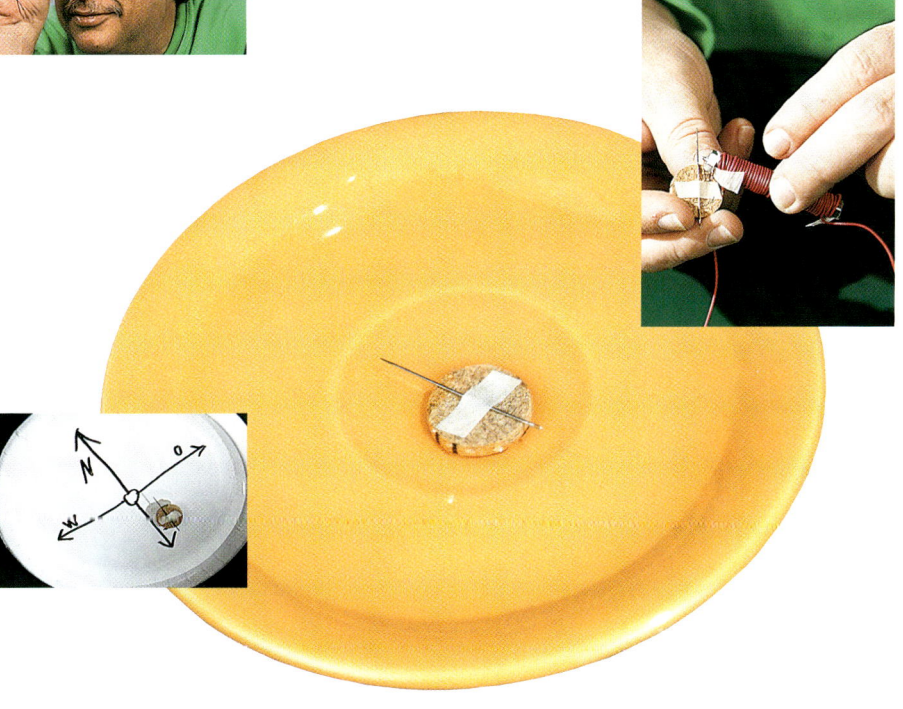

Eigentlich war das Experiment, das Léon Foucault im Jahr 1851 im Pariser Pantheon machte, schon lange bekannt. Im Jahr 1661 hatte Vincenzio Viviani, ein Schüler Galileo Galileis, ein gewichtiges Pendel an einer langen Schnur so lange pendeln lassen, bis er eine Abweichung der Pendelachse feststellen konnte, die nur durch die Drehung der Erde zu erklären war. Wo Viviani seinen Versuch gemacht hat,

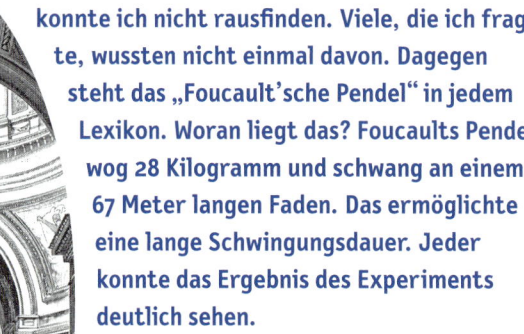

konnte ich nicht rausfinden. Viele, die ich fragte, wussten nicht einmal davon. Dagegen steht das „Foucault'sche Pendel" in jedem Lexikon. Woran liegt das? Foucaults Pendel wog 28 Kilogramm und schwang an einem 67 Meter langen Faden. Das ermöglichte eine lange Schwingungsdauer. Jeder konnte das Ergebnis des Experiments deutlich sehen.

Das Pendel des Zeit-geistes

Die Menschen waren begeistert von Foucaults Versuch. Mit großem Erfolg wurde er vielerorts nachgemacht. Unter anderem 1852 in Köln von Professor Caspar Garthe.

1996, am 200. Geburtstag von Garthe, wurde der Versuch im Kölner Dom wiederholt. Ich war dabei. In langen majestätischen Bewegungen schwang das Pendel hin und her. Zunächst in einer Gasse zwischen je zwei Reihen Klötzchen, die der Dombaumeister Prof. Wolff auf jeder Seite des Pendelweges aufgestellt hatte – wie Häuserzeilen beim Monopoly. Plötzlich fiel eins der Klötzchen und bald darauf das, was ihm schräg gegenüberstand. Im Laufe etwa einer Stunde fielen alle Klötzchen eins nach dem anderen. Ein wirklich faszinierendes Experiment, das im 19. Jahrhundert den Nerv des Zeitgeistes traf.

1996 wurde in der Zeitung über den Versuch nur im Lokalteil berichtet. 1852 war er eine Sensation, über die auf der Titelseite berichtet wurde – Stadtgespräch! Es war eine Zeit, in der Wissenschaft und Technik für die Menschen Heilsbringer waren.
Man suchte nicht mehr nach dem Wissen „der Alten". Wissenschaft war nicht länger etwas, das in Studierstuben stattfand. Alle Menschen merkten, dass Wissenschaft und Technik ihr Leben veränderten.

Begeisterung für Experimente und Technik

Was war passiert? Die so genannte industrielle Revolution hatte das Leben der Menschen verändert. 1769 hatte James Watt in England die Dampfmaschine erfunden. Zusammen mit anderen Erfindungen wie der Spinnmaschine und dem mechanischen Webstuhl sorgte sie dafür, dass viele Menschen ihre Bauernhöfe verließen und in Fabriken arbeiteten. Zugleich machten die neuen Maschinen viele Arbeitsplätze überflüssig. Dazu kam die rasante Entwicklung der Eisenbahn. 1825 wurde in England die erste Strecke eröffnet. 1870, nur 45 Jahre später, war das Eisenbahnnetz in Europa 372 000 Kilometer lang. Die Eisenbahn und der Bau neuer Strecken und Lokomotiven beschäftigte 300 000 Menschen. Wie nie zuvor konnten die Menschen die Produkte ihrer Arbeit austauschen.

Ganz im Gegensatz zum Mittelalter waren Begriffe wie Fortschritt, Forschung, Experimente, Wissenschaft und Zukunft in Mode. Man glaubte, Erfindungen könnten alle denkbaren Probleme lösen. Es sprach auch wirklich vieles dafür. Den Ländern, die Neuerungen am schnellsten umsetzten, ging es am besten. Zuerst war das England, später Frankreich und Deutschland. Wissenschaft, Experimente und Erfindungen waren plötzlich Geld wert und aufregende Gesprächsthemen.

Die Geburtsstunde der Science-Fiction

Wer dem Geist der damaligen Zeit nachspüren will, sollte die Bücher des Schriftstellers Jules Verne lesen. Jules Verne orientierte sich an schon gemachten oder denkbaren Erfindungen und Erkenntnissen und spann daraus seine Geschichten, eine frühe Form von Science-Fiction. Auch dass die Romane oft mit einem Misserfolg der Technik enden, spiegelt den Zeitgeist wider. Viele

Thomas Alva Edison
– der König der Erfinder?

Leider ist nicht bekannt, wie oft die Menschheit das Pech hatte, dass Persönlichkeiten, die ihr Gutes hätten bringen können, nicht mehr dazu kamen. Als Benjamin Franklin seinen Drachen in die Gewitterwolken steigen ließ und kein Blitz ihn traf, war das jedenfalls ein Glück für die Menschheit, denn so konnte er später den Blitzableiter erfinden. Auch mit Thomas Alva Edison hatte die Menschheit Glück.

Nach nur drei Monaten in der Schule wurde er wieder entlassen. Man hielt ihn für „zurückgeblieben". Wahrscheinlich lag das daran, dass er als kleines Kind Scharlach gehabt hatte und schlecht hörte. Sein Glück war seine Mutter. Sie war Lehrerin und anderer Meinung als die Kollegen in der Schule. Sie brachte dem kleinen Thomas Alva nicht nur Schreiben, Lesen und Rechnen bei, sie weckte bei ihm auch ein Interesse für Naturwissenschaften.

Menschen fragten sich, ob man wirklich die Kräfte der Natur für die Menschen nutzen dürfe. Der rasante Fortschritt war ihnen unheimlich, sie zogen sich ins kuschelige Heim zurück, schrieben romantische Briefe, bauten Häuser im Stil der Renaissance und malten verträumte Bilder.

Jules Vernes Romane erzählen aber auch von der Begeisterung, mit der die Menschen seiner Zeit die Neuerungen sahen. Und tatsächlich war das Klima für Erfindungen und Entdeckungen so günstig wie nie zuvor in der Geschichte. Vieles wurde an verschiedenen Orten gleichzeitig entwickelt, manche Erfindungen lagen sozusagen in der Luft. Das 19. Jahrhundert war auch die Zeit vieler praktischer Neuerungen.

Thomas Alva Edison – der König der Erfinder

„Ein Prozent Inspiration, neunundneunzig Prozent Transpiration"

Edison war sehr wissbegierig. Er las wahllos alles, was ihm in die Hände fiel. Schon als Neunjähriger machte er die Experimente aus einem Sachbuch nach.

Mit zwölf verdiente er sein erstes eigenes Geld, indem er in der Eisenbahn Reisebedarf ver-

kaufte. Von dem Geld kaufte er sich Chemikalien für seine Experimente. Als er mit 15 Telegrafist wurde, hatte er schon zu Hause eine Telegrafenanlage gebaut. Das Geld, das er verdiente, steckte er in Bücher und Apparaturen.

Er war ein tatkräftiger junger Mann. Als ein Bauer ihm von einer Kartoffelkäferplage erzählte, sammelte er einen Eimer voller Käfer und testete seinen Chemikalienschrank durch. Schwefelkohlenstoff war der beste Killer, leider aber auch für die Kartoffeln. Das kostete

ihn zweihundert Dollar. Es war nicht das einzige Mal, dass Edison mit einem Experiment Geld verlor.

Mit den meisten Experimenten und Erfindungen verdiente er aber Geld. Im Alter von zweiundzwanzig Jahren machte er sich als

Dünger lässt die Pflanzen wachsen

Nachdem der französische Chemiker Antoine Laurent de Lavoisier, den man auch den Newton der Chemie nennt, die wirren Ideen der Alchimisten über Bord geworfen hatte, gelang es Justus von Liebig, den Nährstoffbedarf der Pflanzen zu erforschen. Durch Düngung, nach Liebigs Rezept, steigerten sich die Erträge in der Landwirtschaft enorm. Und auch dadurch, dass es unter den Landadeligen Mode wurde, neue landwirtschaftliche Maschinen zu konstruieren.

Kommunikation und Verkehrswesen kommen in Gang

Antriebe für Maschinen und Fahrzeuge wurden entwickelt: die Dampfmaschine, erfunden von James Watt (der hier abgebildet ist), der Sterlingmotor, erfunden von Robert Sterling, der Ottomotor, erfunden von

Thomas Alva Edison – der König der Erfinder?

Erfinder selbstständig. Er arbeitete viel, oft bis in die tiefe Nacht. Später sagte er: „Genie ist zu einem Prozent Inspiration und zu neunundneunzig Prozent Transpiration (Schweiß)." Die Aufzeichnungen zu Edisons Experimenten sind in 3500 (!) Notizbüchern mit je 300 Seiten festgehalten.

Mit Verbesserungen der Telegrafie verdiente er viel Geld, das er gleich wieder in neue Versuche steckte. Im Dörfchen Menlo Park bei New York richtete er sich und seinen etwa 40 Mitarbeitern ein Laboratorium ein, wo alles vorhanden war, was ein Erfinder damals brauchte, sogar eine Dampfmaschine zur Stromerzeugung.

Er setzte sich und seinem Team das Ziel, „alle zehn Tage eine kleine Sache, alle sechs Monate ein großes Ding" zu erfinden. Als erstes „großes Ding" verbesserte er das Telefon, das bis dahin nur über kurze Entfernungen funktionierte. Edisons Telefon schaffte es mehrere hundert Kilometer. Seine Patente verkaufte er für 100 000 Dollar an

Nikolaus August Otto, der Dieselmotor, erfunden von Rudolf Diesel. Auch wenn James Watt der Einzige ist, dessen Antrieb nicht nach ihm benannt wurde: Die Leistung aller Antriebe wird mit der Maßeinheit Watt gemessen.

Thomas Alva Edison – der König der Erfinder

die Western Union, die sie später für 3,5 Millionen weiterverkaufte.

Das nächste „große Ding" war der Fonograf. Auf einer Walze, um die eine Stanniolfolie gewickelt war, nahm Edison das Gedicht „Mary had a little lamb" auf. Das erste Mal, dass eine menschliche Stimme aufgenommen wurde.

Das „größte" Ding

Edisons „allergrößtes Ding", jedenfalls das, womit er weltberühmt wurde, war die Glühlampe. Schon 1854 war es Henry Goebel – er wurde 1818 in Springe bei Hannover als Heinrich Göbel geboren –, in New York gelungen, eine Glühlampe herzu-

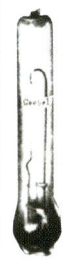

stellen, die mit einem Glühfaden aus verkohltem Bambus 400 Stunden glühte. Goebel beleuchtete damit seine Wohnung und sein

Kraft aus Dampf

Erstaunlich, wie die Dampfmaschine das Leben der Menschen veränderte!

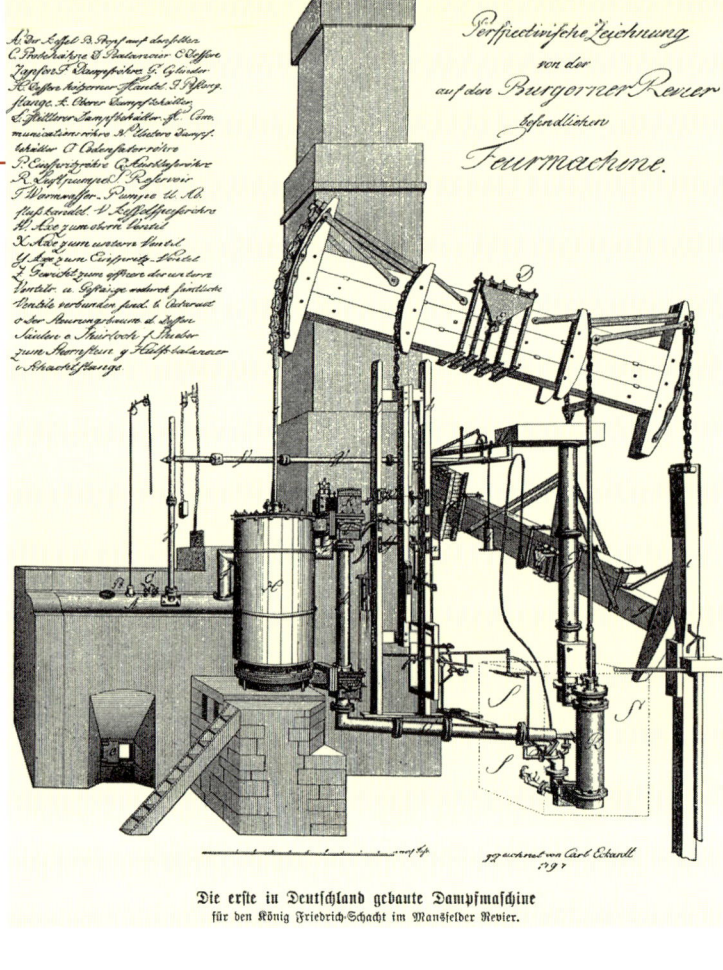

Die erste in Deutschland gebaute Dampfmaschine
für den König Friedrich-Schacht im Mansfelder Revier.

Geschäft. Auch der Wagen, mit dem er durch New York fuhr und gegen Bezahlung Passanten durch sein selbst gebautes Fernrohr schauen ließ, wurde mit seinen Glühlampen beleuchtet. Als Stromquelle diente eine Batterie; ein Leitungsnetz für Elektrizität gab es noch nicht. Leider hatte Henry Goebel kein

Geld, sich seine Erfindung patentieren zu lassen.

Edison und sein Team widmeten sich der Glühlampe ab 1878. In tausenden Versuchen suchten sie nach dem besten Glühfaden. Verkohlte Holzfasern, Seide, Ahornspäne, Packleinen, Angelschnur, Lampendochte, Flachs, Kokosnusshaar, Hanf – alles wurde getestet, meist erfolglos. Sogar das Barthaar eines Mitarbeiters kam

auf den Prüfstand. Dazu steht in den Aufzeichnungen:

„Versuch Nr. 4789. Haar aus MacKenzies rotem Bart. Glühprobe wie üblich. Konstitution ungleichmäßig. Nicht verwendbar."

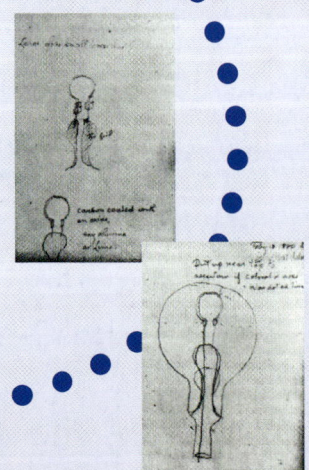

Ich kann mir nicht vorstellen, dass Edison von Goebel nichts wusste. Auf jeden Fall landete auch er beim verkohlten Bambusfaden, wie Goebel fünfundzwanzig Jahre vorher. Edisons Mitarbeiter schwärmten in alle Welt aus, die richtige Bambusart zu finden. Eine japanische Variante erwies sich als die beste.

Mithilfe der Telegrafie konnten die Menschen besser Nachrichten übermitteln. 1837 wurde das Alphabet des Amerikaners Samuel Morse eingeführt, das noch heute verwendet wird. Niepce, Daguerre und Talbot entwickelten die Fotografie. Die Drucktechnik wurde verbessert, sodass die Neuerungen schneller bekannt werden konnten.

König der Erfinder? Thomas Alva Edison – der König der Erfinder? Thomas Alva Ed

Auch wenn Edison die Glühlampe nicht wirklich erfunden hat (das US-Patent Nr. 223 898 läuft allerdings auf Edisons Namen), hat er ihr doch zum Durchbruch verholfen, indem er das Umfeld für ihre Anwendung erfand: leistungsfähige Generatoren, isolierte Leitungen, Stromzähler, Sicherungen, Schalter, Fassungen und so weiter und so weiter. 356 Patente hat er sich allein für diese Entwicklungen gesichert.

Karl Freiherr Drais von Sauerbronn erfand das Laufrad, den Vorläufer des Fahrrades, Alfred Nobel das Dynamit. Graham Bell entwickelte das von Johann Philipp Reis erfundene Telefon weiter. Die erste Schreibmaschine erfand Charles Thurber. Louis Pasteur erfand das „Pasteurisieren", das Haltbarmachen von Lebensmitteln durch Erwärmung, und entwickelte die ersten Impfstoffe. Die erste Rechenmaschine wurde von Augusta Ada Byron entwickelt und programmiert. Und nicht zuletzt: Die Elektrizität trat ihren Siegeszug an und revolutionierte weite Bereiche unseres Lebens.

Thomas Alva Edison – der König der Erfinder?

Insgesamt hielt Edison 1086 Patente, unter anderem auch auf dem Gebiet der Filmtechnik. Aber er hat sich durch Starrsinn, möglicherweise durch seine Schwerhörigkeit begründet, auch viele Wege verbaut. Er wehrte sich vehement gegen Musikaufnahmen mit seinem Fonografen, den er als Diktiergerät erfunden hatte. Auch gegen die Projektion von Filmen wandte er sich, sodass heute die Gebrüder Lumière und Skladanowsky als die Erfinder des Kinos gel-

ten. Gegen die Einführung des Wechselstroms, ohne den heute die Stromversorgung undenkbar wäre, startete er sogar eine Anzeigenkampagne.

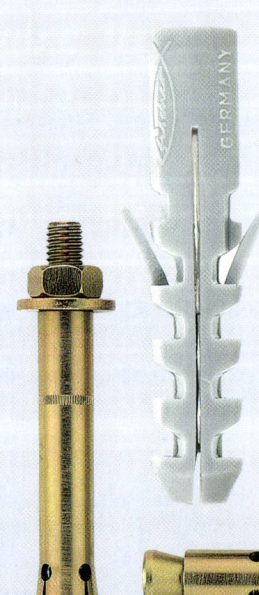

König der Erfinder?

Mit 1086 Patenten ist Edison der König der Erfinder. Aber einer ist ihm dicht auf den Fersen: Artur Fischer. Ende 2001 hatte er schon 1062 Patente, 2003 sind noch einmal sechs dazugekommen. Als ich ihn 2001 traf, erzählte er mir davon und grinste verschmitzt: „Aber ich lebe ja noch!" Er hat Feuerzeuge, Webstuhlkomponenten, den berühmten Fischer-Dübel, das Blitzlicht, Fischertechnik und vieles mehr erfunden. Er ist ein verschmitzter schwäbischer Tüftler und gleichzeitig ein sehr kreativer, genialer Erfinder. Nichts bereitet ihm mehr Freude, als in seiner Werkstatt zu stehen und Ideen auszuprobieren. Auch

Viele der Dinge, die wir heute wie selbstverständlich gebrauchen, wurden im 19. Jahrhundert erfunden. Dabei habe ich von dem Gebiet, das die Menschen sicher am meisten fasziniert hat, noch gar nichts erzählt: der Fliegerei.

noch mit 84 Jahren empfindet er eine kindliche Freude, wenn ihm ein Experiment gelingt. Seit mehreren Jahren experimentiert Artur Fischer mit seinen Fischer-Tipps.

Verpackungschips aus Stärke gaben ihm die Idee. In unzähligen Experimenten hat er daraus ein Kinderspielzeug entwickelt, mit dem sich wunderbar basteln lässt. Seit er

weiß, dass Edison nicht alle Erfindungen selbst gemacht hat, ist ihm auch der Wettlauf mit seinem berühmten Erfinderkollegen nicht mehr so wichtig. Er weiß, dass er zu Recht stolz auf sein Erfinderleben zurückblicken kann.

Von Raketen, Vulkanen und auftauchenden Eiern

Wie Kohlendioxid Wasser verdrängt

Jetzt ist Geschicklichkeit gefragt. Zuerst gilt es, einen mit Brausepulver gefüllten Flaschendeckel in ein Glas mit Flüssigkeit zu bringen.

Dann ein Teller auf das Glas und das Ganze beherzt umdrehen. Dabei kommt das Brausepulver mit der Flüssigkeit in Berührung und fängt an zu brausen und zu blubbern.

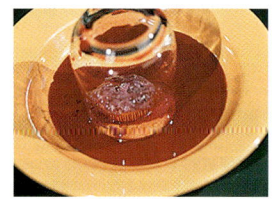

Dabei wird so viel Kohlendioxid freigesetzt, dass das Gas die Flüssigkeit ganz aus dem Glas rausdrückt und der Tellerboden wieder zu sehen ist.

Warum Brausepulver manchmal Rülpser verursacht

Wenn man in eine Flasche mit Wasser Brausepulver schüttet und über die Öffnung ganz schnell einen Ballon stülpt, wird der Ballon aufgeblasen. Brausepulver enthält Natron und Weinsäure. Wenn diese Bestandteile mit Wasser in Berührung kommen, wird das Gas Kohlendioxid freigesetzt, dasselbe, das auch aus Sprudelflaschen perlt. Wenn man Sprudel oder Brausepulver schluckt, wird das Gas im Magen frei und muss raus!

Brausepulver-RAKETE

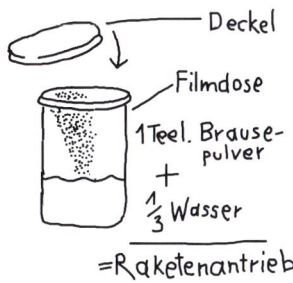

Deckel

Filmdose

1 Teel. Brause-
pulver

+

$\frac{1}{3}$ Wasser

= Raketenantrieb

Wie viel Kraft in Brausepulver steckt, kann man sehr
eindrucksvoll erleben,
wenn man eine Filmdose
von einem Kleinbildfilm (am
besten sind die schwarzen)
zu einem Drittel mit Was-
ser füllt und dann einen
gehäuften Teelöffel Brau-
sepulver dazugibt.

Dann muss es ganz schnell
gehen:
den Deckel gut,
wirklich gut, zumachen,
die Filmdose umdrehen
und auf den Tisch stellen.

Dann muss man ein wenig
warten.

Und gerade dann,
wenn man denkt,
es klappt nicht ...
geht die Brauserakete los.

ssssss t

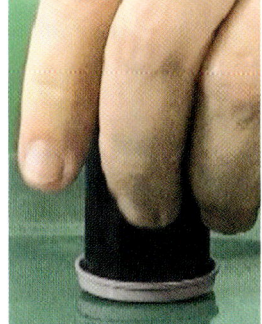

85

Wie viel Wasser ist in der Luft?

Verdunstetes Wasser kann man nicht sehen. Es wird Bestandteil der Luft. Wenn der Wasseranteil in der Luft besonders hoch ist, kann es bald regnen. Haare reagieren auf die Luftfeuchtigkeit.

Wenn man an ein Haar ein Streichholz bindet und es in einer Flasche versenkt, damit es sich unbeeinflusst von Luftzug bewegen kann, kann man beobachten, wie es sich verändert. Vielleicht findet man sogar heraus, bei welcher Stellung des Streichholzes Regenwetter naht.

Eine Salzwaage informiert über die Luftfeuchtigkeit

Natürlich geht es noch genauer. Hygrometer, die man kaufen kann, übertragen die Länge des Haares auf eine Skala. Das ist aber sehr kniffelig. Wer die Tatsache ausnutzt, dass Salz je nach Luftfeuchtigkeit Wasser aufnimmt oder abgibt und dabei leichter oder schwerer wird, kann eine Salzwaage mit einer Skala bauen, an der sich die Luftfeuchte ablesen lässt.

Regen in der Küche

Beim Begriff Wasserdampf denken die meisten Menschen an Wolken oder den Dampf, den man sieht, wenn ein Wasserkessel kocht. Was man sieht, sind aber Wassertröpfchen, die in der Luft schweben. Wasser in Form von Gas ist unsichtbar. Wenn man einen Topf mit Eiswürfeln füllt und über einen anderen Topf mit kochendem Wasser hält, wird das gasförmige Wasser wieder flüssig und bildet am Topfboden Tropfen. Kondensieren nennt man das.

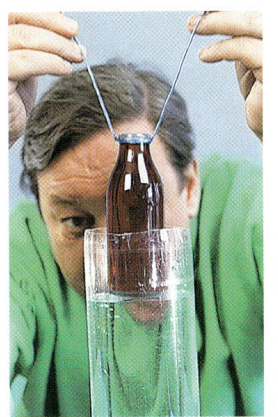 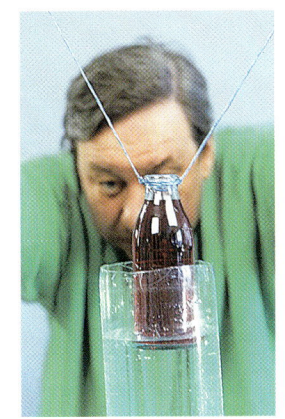 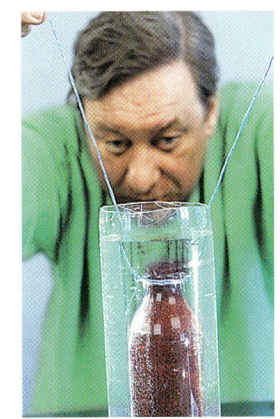

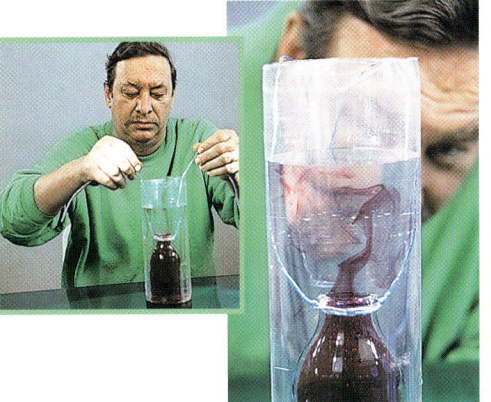

Ein ganz harmloser Vulkan-ausbruch

Wenn man in eine Flasche Wasser eine andere hängt, bei der das Wasser mit Lebensmittelfarbe gefärbt ist, passiert ziemlich wenig.

Wenn in der zweiten Flasche aber heißes Wasser ist, strömt das gefärbte so wild in das ungefärbte Wasser, dass es aussieht wie bei einem Vulkanausbruch!

Ein Ei taucht auf

Ein Ei ist nur wenig schwerer als Wasser. Das genügt aber, um es auf den Boden meines Wasserglases sinken zu lassen. Wenn ich Salz ins Wasser streue, löst es sich auf und macht das Wasser schwerer. Bis das Wasser schwerer ist als das Ei. Dann schwimmt das Ei oben. Weil Salzwasser schwerer ist als Süßwasser,

kann man im Meer leichter schwimmen.
Dieses Experiment funktioniert übrigens auch mit Zucker. Theoretisch könnte man also ebenfalls in „Süßwasser" besser schwimmen.

Meine kleine Kläranlage

Wasser verschmutzen ist ganz einfach. Es wieder sauber zu kriegen schon schwerer.

In mein mit Erde verschmutztes Wasser habe ich ein mehrfach gefaltetes Küchentuch gehängt. Das saugt sich schnell voll Wasser. Das andere Ende habe ich in eine tiefer liegende leere Schale gehängt, wo sich bald sauberes Wasser sammelt. Leider ist es nicht ganz sauber, denn die Stoffe, die sich im Wasser gelöst haben, werden auch mittransportiert. Also: Es ist kein Trinkwasser, das aus meiner kleinen Kläranlage kommt!

Farben mischen und trennen

Ich habe mal das Rot und das Orange aus einer Lebensmittelfarbentüte gemischt und auf einen Streifen Küchentuch getropft. Wenn man den Streifen dann in Wasser hängt, steigt das Wasser hoch und trennt die Farben wieder.

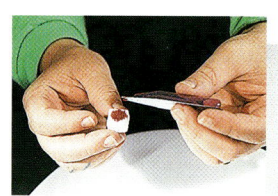

Zuckerwürfelkunst

Ob dieses Experiment auch mit Tuschkastenfarbe funktioniert, haben wir nicht ausprobiert. Wenn man aber Zuckerwürfel mit Lebensmittelfarbe beträufelt und sie vorsichtig in einen Teller (am besten ein weißer) mit Wasser setzt, bilden sich wunderschöne Muster.

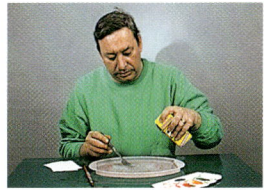

Papier für besondere Anlässe

In eine flache Schale mit Wasser kommt Tapetenkleister,
bis das Wasser sirupartig wird.

Da hinein wird Ölfarbe gerührt. Ölfarbe, weil sie sich nicht mit
dem Wasser vermischt.

Wenn man mit einem Stab etwas darin herumrührt, kommen
schöne Muster zu Stande.

Dann vorsichtig ein Papier auf die Oberfläche legen und
abziehen.

Damit kann man schönes Geschenkpapier machen oder Papier für Bücher- oder Heftumschläge.

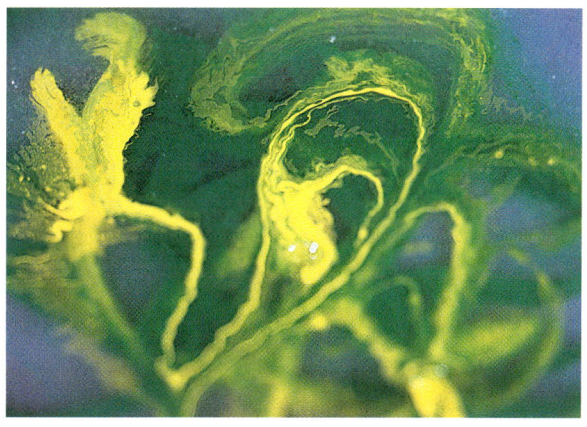
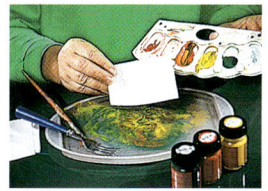

89

# Körper, Geist und Seele

Warum sagt man jemandem, der traurig den Kopf
hängen lässt: „Kopf hoch!"?
Weil Körper, Geist und Seele sich gegenseitig
beeinflussen. Nicht nur, wenn man traurig und
schlechter Stimmung ist.
Deswegen immer:

Kopf hoch!

Auf dem Laufband

Ich kam mir vor wie ein Versuchskaninchen. An meinen
Körper waren Elektroden mit langen Drähten geklebt
und meine Füße marschierten auf einem Laufband. Es
ging darum, in der „Sendung mit der Maus" zu zeigen,
was Gehen im Grunde ist. Dabei habe ich gelernt, dass
Gehen eigentlich eine ständige Folge von Hinfallen und
Auffangen ist. Mehrere hundert Mal in der Minute kon-
trolliert der Körper sich selbst. Sogar beim Stehen.
Deswegen kippt man auch sofort um, sobald man ohn-
mächtig wird.

Aber ich habe noch etwas anderes
gelernt. Während ich auf dem Laufband
ging, haben die Wissenschaftler von der
Uni-Klinik in Bonn mein Gehen korri-
giert. „Schön mit den Armen schwingen!", riefen sie, und „Kopf hoch!".
So habe ich besser Gehen gelernt.

Wenn ich die Straße langschlendere,
denke ich manchmal an die guten Ratschläge. Ich lasse
meine Arme schwingen – rechtes Bein vor, linker Arm
vor, linkes Bein vor, rechter Arm vor – und hebe das
Kinn. Und immer habe ich das Gefühl, es geht mir besser; ich fühle mich lockerer, heiterer und beschwingter.
Das ist ein Experiment, das jeder leicht machen kann.

Was Körper und Geist miteinander zu tun haben

Es gibt viele Wechselwirkungen von Körper und Seele. Jeder hat schon mal erlebt, wie sehr ein winzig kleines Loch im Zahn einem die Laune vermiesen kann. Man sagt ja auch, dass „einem eine Laus über die Leber gelaufen ist". Und oft führen zum Beispiel Ärger in der Schule, das Gefühl unterdrückt zu werden oder Liebeskummer zu ernsten Krankheiten. Herzbeschwerden, Magenverstimmungen oder Rückenschmerzen sind oft Ausdruck seelischer Konflikte.

Die Beckerfaust

Wenn ihm etwas besonders gut gelungen war oder wenn er noch einmal alle Kräfte mobilisieren wollte, hat der Tennisspieler Boris Becker die so genannte „Beckerfaust" gemacht.

Damit hat er sich selbst belohnt oder motiviert. Das kann jeder machen, auch ohne Tennis zu spielen.

Aber auch so eine Siegerpose lässt es einem gut gehen, selbst wenn man gerade mal nicht gesiegt hat.

Der Pawlow'sche Hund

Dass das Gehirn Funktionen des Körpers steuert, hat der russische Forscher Iwan Petrowitsch Pawlow mit einem berühmten Experiment nachgewiesen.

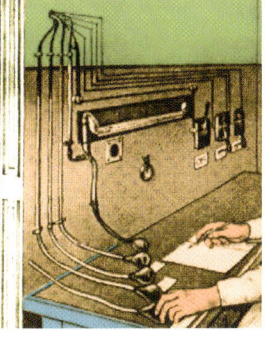

Wenn seine Hunde Essen bekamen, ertönte dazu eine Klingel oder eine Lampe leuchtete auf. Wenn Hunde Essen bekommen, läuft ihnen das Wasser im Mund zusammen. Nach einiger Zeit hat Pawlow zur Essenszeit die Klingel klingeln lassen, ohne dass es Essen gab. Dennoch lief den Hunden das Wasser die Lefzen runter.

Allein das Klingeln hatte gereicht, den Speichelfluss auszulösen. Weil das Gehirn gelernt hatte: „Wenn's klingelt, gibt's Fresschen!"

YEAH!

Sei gut zu dir selbst: Lächle!

Ein Experiment, das jeder selbst machen kann, sogar morgens im Bett: lächeln! Einfach nur lächeln. Davon geht der Ärger mit den Kollegen nicht weg, nicht der Stress mit der Mathearbeit und nicht der Streit mit dem Partner. Aber wer sich selbst genau beobachtet, wird feststellen, dass sich doch etwas verändert. Es hellt sich nicht nur die Miene auf, sondern die ganze Stimmung. Der Abstand zu den Ärgernissen scheint größer zu werden. Wenigstens für einen kleinen Augenblick.

Lächeln und Lachen im Blickpunkt der Wissenschaft

Lachen hebt die Stimmung, das bestätigen auch die Wissenschaftler, die sich mit Lachen und Lächeln beschäftigen. So haben sie Probanden – das ist der wissenschaftliche Ausdruck für Versuchskaninchen – in einen Kernspintomografen geschoben. Das ist eine Röhre, in der der Körper scheibchenweise abgetastet werden kann. Da kann man zum Beispiel sehen, welcher Teil des Gehirns gerade besonders aktiv ist. So hat man den Probanden Bildwitze gezeigt, Karikaturen. Eine Kamera hat beobachtet, ob der Proband lacht. Und der Computer hat aufgezeichnet, in welcher Hirnregion der Blutstrom zunimmt.

Das ist nicht ganz so leicht, wie es sich anhört, aber an der Universität Tübingen hat man festgestellt, dass es der vordere rechte Stirnlappen ist, der beim Lachen über Bilderwitze besonders aktiv ist. Das wurde von einer kanadischen Studie bestätigt. Patienten, bei denen der vordere rechte Stirnlappen zum Beispiel durch einen Unfall beschädigt war, konnten über die Bilderwitze überhaupt nicht lachen. Sie waren einfach nicht in der Lage, die Karikaturen als witzig zu erkennen. Das kann natürlich an den Witzen gelegen haben; ich kann auch nicht über jeden Witz lachen.

Wobei es allerdings zwischen erzählten und gezeichneten Witzen Unterschiede zu geben scheint, denn die Tübinger Wissenschaftler haben Anhaltspunkte dafür, dass erzählte Witze den Blutstrom in ganz anderen Regionen des Gehirns anregen.

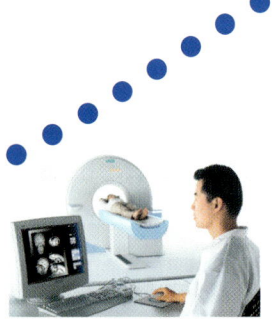

Das ist ein Computertomograf. Damit kann man sehen, wo das Gehirn besonders aktiv ist.

Den Versuchspersonen werden kleine Witzzeichnungen (oben links im Bild) gezeigt. Man bringt sie zum Lachen und sieht nach, was dabei im Gehirn passiert.

Die Wissenschaftler bestätigen es: **Lachen** ist gesund!

Dass Lachen gesund ist, hat schon meine Oma gesagt. Jetzt ist es aber auch wissenschaftlich gesicherte Erkenntnis. So hat der kanadische Lachforscher Rod Martin herausgefunden, dass Lachen das Immunsystem stärkt. Die Abwehrzellen (T-Lymphzyten und T-Helferzellen) werden aktiviert. Beim Lachen entspannen sich die Muskeln, Stresshormone werden abgebaut. Lachen erweitert das Lungenvolumen und erhöht den Gasaustausch bei der Atmung. Und sorgt so dafür, dass mehr Sauerstoff im Blut ist.

Inzwischen gibt es sogar einen eigenen Wissenschaftszweig, der sich mit Lachen beschäftigt: die Gelotologie. Denn ein Erwachsener lacht oder lächelt im Durchschnitt 15-mal am Tag. Da gibt es natürlich welche, die lachen den ganzen Tag, während andere den ganzen Tag nicht lachen, höchstens mal heimlich im Keller. Kinder, haben die Gelotologen herausgefunden, lachen bis zu 400-mal am Tag.

Das Wichtigste scheint mir zu sein, dass das Lachen erlaubt, Abstand zu bekommen. Also auch mit Dingen fertig zu werden, die eigentlich gar nicht zum Lachen sind. In Indonesien, hat mir mal jemand erzählt, lachen die Leute, wenn sie einen schweren Unfall sehen. Nicht, weil sie die armen Unfallopfer auslachen wollen. Das ist einfach ihre Art, mit dem schrecklichen Anblick fertig zu werden.

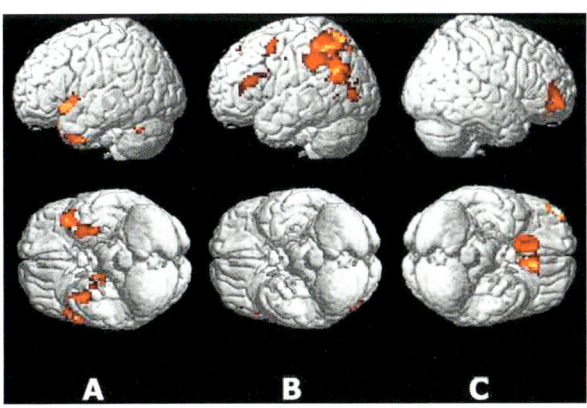

Und so sieht es dann aus: Bei A und B sind die Stellen rot-gelb eingefärbt, wo die Gehirnaktivität besonders stark ist.
Bei A sind es die unteren Schläfenlappen, da lächelt die Versuchsperson. Bei B findet sie das Bild witzig, da sind im Grenzbereich zwischen Schläfen-, Schädel- und Hinterhauptlappen links starke Aktivitäten zu erkennen. Bei C sind die Bereiche rot-gelb, die nicht aktiv sind, also ausgeschaltet. Zum Lachen scheint auch zu gehören, dass Kontrollbereiche deaktiviert werden. Man spricht ja auch vom enthemmten Lachen.

Es wird von Leuten berichtet, die, als ihr Haus überschwemmt wurde und sie weder ein noch aus wussten, mit einem „hysterischen" Lachanfall reagierten. Das ist sicher eine weniger schöne Form des Lachens. Da ist mir das befreiende Lachen schon lieber. Wenn sich zum Beispiel herausstellt, dass das unheimliche Monster nur aus Pappe ist und von einem Freund bewegt wird. Das tut dann richtig gut, wenn die Anspannung von einem abfällt und man so richtig herzhaft lachen kann.

93

Lachen

Lachen kann heilen …

Lachen ist Medizin
und Medizin ist Lachen

Weil Lachen so gesund ist, versucht man auch, es zum Heilen einzusetzen. So werden in Köln Patienten mit schweren Krankheiten wie Schlaganfall, Parkinson oder multipler Sklerose mit einer so genannten Clowntherapie behandelt. Ob diese Heilmethode aber wirksamer ist als die bisher benutzten, muss sich erst noch rausstellen.

Auf jeden Fall Spaß macht die Lachtherapie. Dr. Mandan Kataria aus Bombay hat eine „Yoga-Lach-Technik" entwickelt und Lachklubs gegründet, in denen kleine Gruppen zusammenkommen und lachen. Da gibt es zum Beispiel das „herzliche Lachen", bei dem man in mittlerer Lautstärke lacht, die Arme in die Luft hebt und den anderen Teilnehmern lachend ins Gesicht schaut. Oder das „Begrüßungslachen", bei dem man sich beide Hände gibt und so Berührungsängste abbaut. Beim „summenden Lachen" wird das Lachen im Bauch erzeugt. Und beim „Löwenlachen" wird die Zunge möglichst weit rausgestreckt. Wer in so einem Lachklub intensiv lacht, stärkt sein Immunsystem und seine Lunge und denkt wenigstens für diese Zeit nicht mehr an seine Sorgen und Nöte. Und die sind es ja, die uns krank machen.

… und signalisiert dem Gehirn: „Ich fühl mich wohl."

Lachen im Labor

Um herauszufinden, ob Lächeln wirklich das Befinden beeinflusst, haben die Wissenschaftler folgendes Experiment gemacht: Sie haben Versuchspersonen gebeten, entweder zu lächeln oder eine finstere Miene zu machen. Dazu hat man ihnen Bilder gezeigt, die Gefühle auslösen sollen: Bilder von lachenden Babys, vom Krieg, Jubel beim Fußballspiel und so weiter. Danach sollten die Versuchspersonen dann aufschreiben, was sie gefühlt haben. Einer zweiten Gruppe hat man dieselben Bilder gezeigt, sie aber nicht gebeten, beim Angucken zu lächeln oder grimmig zu gucken. Und es stellte sich heraus, dass die Gefühle bei denen, die ihren Gesichtsausdruck beeinflusst haben, stärker waren. Wer eine finstere Miene zog, spürte stärkeren Ärger, wer lächelte, stärkere Freude.

Post ans Gehirn und zurück

Aber wie funktioniert das?
Die Forscher können den Herzschlag messen, Temperatur und elektrischen Widerstand der Haut und die Anspannung der Muskeln.

So haben sie rausgefunden, dass die Nervenzellen im Gesicht dem Gehirn melden, welche Muskeln angespannt und welche entspannt sind. So weiß das Gehirn, ob das Gesicht lächelt oder grimmig guckt. Diese Information wird an die Nerven in der Haut oder im Herz weitergegeben.

Beim Lächeln schlägt das Herz ein wenig langsamer und die Hauttemperatur sinkt leicht. Auf der Haut und im Herz sind Messpunkte oder besser Messnerven, die dem Rückenmark diese Veränderung weitermelden. Und das signalisiert dem Gehirn „Der Körper fühlt sich gut" oder „Bin gut drauf!"

Welcher der beiden Christophs fühlt sich wohler?

95

Warum warme Milch mit Honig glücklich macht

Das mit dem Funkverkehr über die Nervenbahnen habe ich etwas vereinfacht dargestellt. In Wirklichkeit spielen da noch eine ganze Reihe von Botenstoffen eine Rolle, die so genannten Neurotransmitter. Einer dieser Botenstoffe heißt Serotonin. Seine „Information": Glück, Zufriedenheit, Entspannung, wohlige Müdigkeit. Ein Eiweißbaustein, aus dem Serotonin gebildet wird, heißt Trytophan und ist in Schokolade und Bananen enthalten.

Auch warme Milch regt die Bildung von Serotonin an. Aber in der Milch sind auch andere Eiweiße, zum Beispiel solche, die wütend und aggressiv machen. Mit Zucker können solche Eiweiße ausgetrickst werden. Denn wenn der Blutzuckerspiegel steigt, schüttet die Bauchspeicheldrüse Insulin aus. Das Insulin verfrachtet die Eiweiße in die Muskelzellen, das Trytophan bleibt übrig und hat es nicht mehr schwer, im Gehirn seine Glücksbotschaft loszuwerden. Jetzt weiß ich auch, warum es für meinen Sohn das Schönste ist, seinen Tag mit einer heißen Milch mit Honig zu beginnen.

Neben dem „Glückshormon" Serotonin gibt es noch andere Stoffe, die der Körper selber herstellen kann, so genannte Endorphine, die dafür sorgen, dass sich ein wohliges, gutes Gefühl einstellt. Lächeln und Lachen regen die Herstellung dieser Stoffe an.

Anregung ganz einfach: Kniebeugen!

Ein viel einfacheres Experiment, mit dem man seinen Körper anregen kann, sind zum Beispiel Kniebeugen. Vorher den Puls fühlen. Die Pulsschläge sollte man jetzt zählen; es müssten so zwischen sechzig und achtzig Pulsschläge in der Minute sein. Wenn man nach zehn oder zwanzig Kniebeugen den Puls fühlt, merkt man gleich, dass er viel schneller geht. Im Handumdrehen sind es dann mehr als hundert Pulsschläge in der Minute.

Den Puls kann man am besten zwei Fingerbreit unter der Daumenwurzel fühlen. Aber zum Beispiel auch an der Halsschlagader.

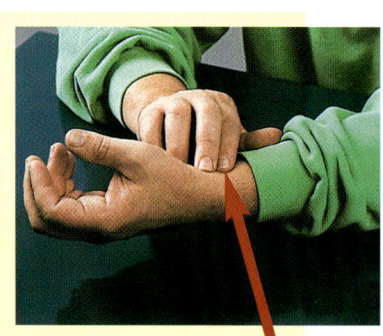

Die Sinne spielen immer mit

Kissentaumeln

Am besten lernt man seinen Körper kennen, wenn man ihn an seine Grenzen kommen lässt. Beim folgenden Experiment geht es um den Gleichgewichtssinn.

Man stellt sich mit nackten Füßen oder Socken auf ein Kissen. Kein Problem.

Aber schon wenn man ein Bein hochhebt, wird es schwierig mit dem Gleichgewicht.

Und wenn man dann noch die Augen zumacht, wird es ganz schwer, nicht hinzufallen.

Schon erstaunlich, wie sehr ein Kissen das Gefühl für die Balance beeinträchtigen kann. Nur weil die Sinneszellen in den Füßen etwas weniger Information bekommen.

Die Sinne spielen immer mit

Korkenschlenzen

Das folgende Spiel ist auf
Partys sehr beliebt, weil
die allermeisten etwas nicht
schaffen, das ganz einfach
zu sein scheint.

Es geht darum, einen Korken von
einer Flasche zu schnipsen.
Aber nicht sofort. Man muss **mit
ausgestrecktem Arm** vier Schritte
zurückgehen, auf die Flasche zugehen und dann knapp
über dem Korken schnipsen. Das neunmal – **immer mit
ausgestrecktem Arm** und immer den Blick fest auf den
Korken gerichtet. Beim zehnten Mal gilt es dann, den
Korken wegzuschnipsen.

Obwohl es so einfach zu sein scheint, habe ich es noch
nie geschafft – und viele, mit denen ich das gespielt
habe, auch nicht.

Wie uns der Gleichgewichtssinn foppt

Wenn man die Flasche auf den Boden stellt, sie anfasst
und dreimal drum rumläuft und dann versucht, gerade-
aus zu laufen, spielen einem die Sinne wieder einen
Streich. Das will nämlich
einfach nicht
gelingen.

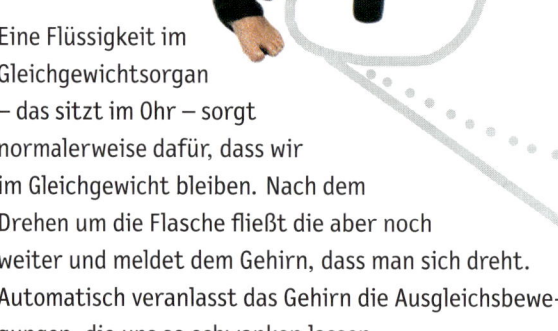

Eine Flüssigkeit im
Gleichgewichtsorgan
– das sitzt im Ohr – sorgt
normalerweise dafür, dass wir
im Gleichgewicht bleiben. Nach dem
Drehen um die Flasche fließt die aber noch
weiter und meldet dem Gehirn, dass man sich dreht.
Automatisch veranlasst das Gehirn die Ausgleichsbewegungen, die uns so schwanken lassen.

Wer sich an die Wand lehnt, kippt um

Solche Ausgleichsbewegungen wie bei dem Flaschenexperiment merken wir normalerweise nicht. Erst, wenn wir daran gehindert werden, wie im folgenden Experiment.

Dazu braucht man nur eine Wand, an die man sich seitlich stellt, die Füße etwa zwanzig bis dreißig Zentimeter auseinander. Ganz normal hinstellen und dann den Fuß, der nicht an der Wand ist, hochheben.

Da fällt man sofort um, weil man an der Ausgleichsbewegung gehindert wird.

Wer das gleich noch mal ohne Wand versucht, merkt die Gegenbewegung.

Zwei Bewegungsarten gleichzeitig

Dass Bewegungen miteinander verknüpft sind, merkt man beim nächsten Experiment:

Mit beiden Händen kreisend über den Bauch streichen ist kein Problem. Aber wenn man sich mit der linken Hand auf den Kopf klopft und mit der rechten über den Bauch kreist, muss man sich richtig anstrengen, um das zu schaffen.

 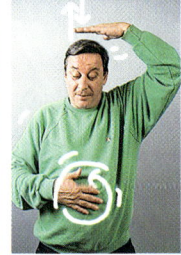

Der TRAUM vom Fliegen

Als Kind habe ich gern „Fliegen" gespielt. Das ging so:

Ich stellte mich in einen Türrahmen und drückte mit den Händen für zwanzig Sekunden ganz fest dagegen.

Dann habe ich einen Schritt nach vorne gemacht und meine Arme gingen wie von alleine nach oben und irgendwie hatte ich das Gefühl, ich könne fliegen.

Kopfchaos

Wie man das Gehirn und seine Botschaften völlig durcheinander bringt

Wie merkwürdig Muskeln, Gehirn und Nervenzellen manchmal verdrahtet sind, kann man auch beim folgenden Experiment sehen:

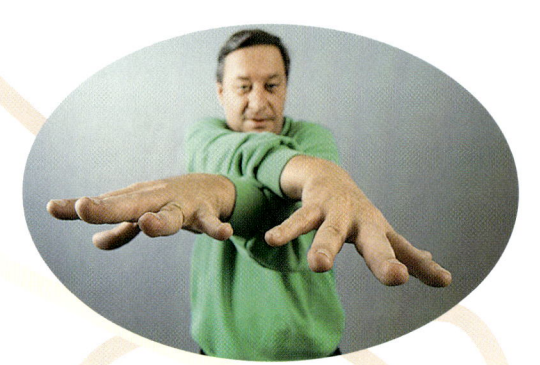

Die Arme ausstrecken und überkreuzen und dann die Finger ineinander verschränken.

Dann die Hände ans Gesicht holen. Das ist nicht besonders bequem, dient aber der Erkenntnis. Denn jetzt geht es darum, einen Finger anzugucken und zu bewegen. Meistens bewegt sich der falsche Finger. Erst wenn man den gewünschten Finger mit der Nasenspitze berührt, klappt's plötzlich. Unser Gehirn kann nämlich ohne diese Berührung die verdrehten Finger nicht „umrechnen". Normalerweise ist das ja auch nicht nötig.

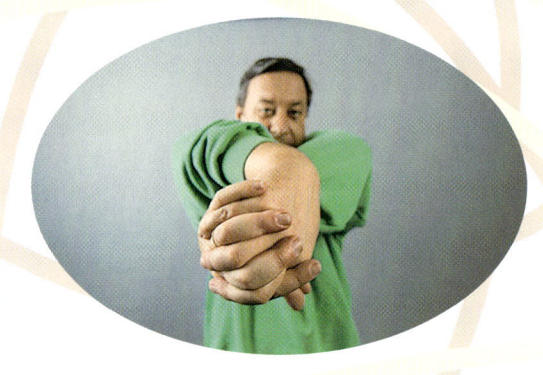

Wahrscheinlich könnte man sogar trainieren, auch in so einer verdrehten Haltung den richtigen Finger zu bewegen. Aber wozu?

Trotzdem ist es gut, geschickte Hände zu haben. Am besten bekommt man die, indem man sie viel benutzt.

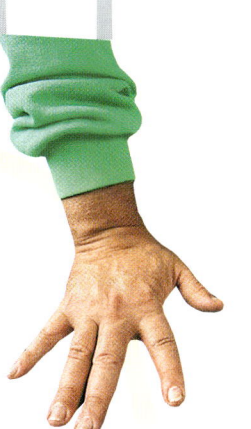

MUDRAS

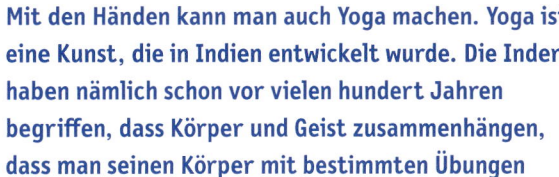

Fingerspiele für die Seele

Mit den Händen kann man auch Yoga machen. Yoga ist eine Kunst, die in Indien entwickelt wurde. Die Inder haben nämlich schon vor vielen hundert Jahren begriffen, dass Körper und Geist zusammenhängen, dass man seinen Körper mit bestimmten Übungen beeinflussen und so gesund halten kann. Manchmal bestehen diese Yogaübungen aus Verrenkungen, wie sie nur jemand machen kann, der sehr lange übt. Die Übungen mit den Händen, die „Mudras", sind dagegen ganz leicht.

Hier aber noch eine Finger-Übung:

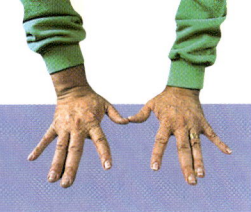

Einmal den Zeigefinger und den kleinen Finger abspreizen,

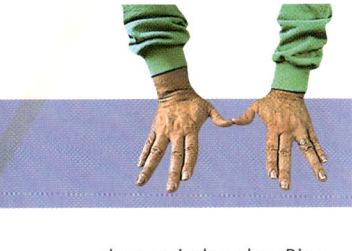

dann zwischen dem Ring- und dem Mittelfinger spreizen.

Zuerst ganz langsam, dann immer schneller.

Für Verzagte: Mut-Mudra

Zum Beispiel das Mut-Mudra. Man massiert die Handgelenke und fasst dann den Zeigefinger so, dass der Daumen auf dem Zeigefingerknöchel liegt. Ganz wichtig ist, dabei langsam und tief zu atmen und zwischen Ein- und Ausatmen eine kurze Pause zu machen.

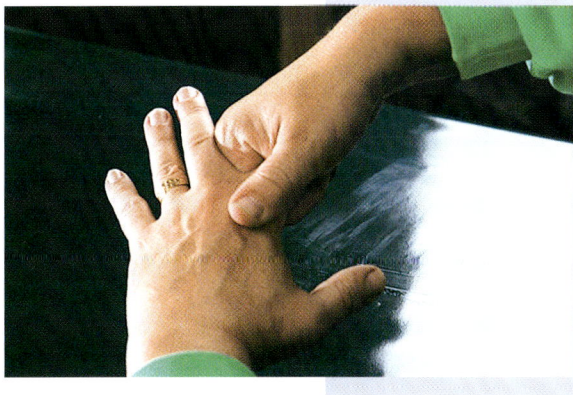

MUDRAS

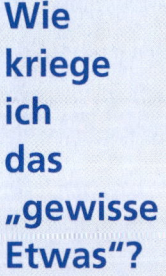

Für schwache Schüler: das Lern-Mudra

Oder das Lern-Mudra. Die Daumen an die Schläfen legen und die Kuppen der anderen Finger zusammen. Zeigefinger an die Stirn, die Ellbogen aufstützen und wieder so atmen wie beim Mut-Mudra.

Wie kriege ich das „gewisse Etwas"?

Vielleicht durch das Ausstrahlungs-Mudra? Da legt man die Handrücken aneinander und hält sie vor die Brust.

Für Schlaffies: das Power-Mudra

Dann gibt es noch das Power-Mudra: zuerst die Hände aneinander reiben, so wie beim Händewaschen, nur ohne Wasser, bis die Hände richtig heiß werden.

Dann die Finger verschränken und die Arme kräftig nach oben strecken. Dabei einatmen. Dann ausatmen und die verschränkten Hände auf dem Hinterkopf ausruhen lassen.

Oder auch die Handrücken an die Stirn legen. Oder beides.
Einmal so, einmal so.

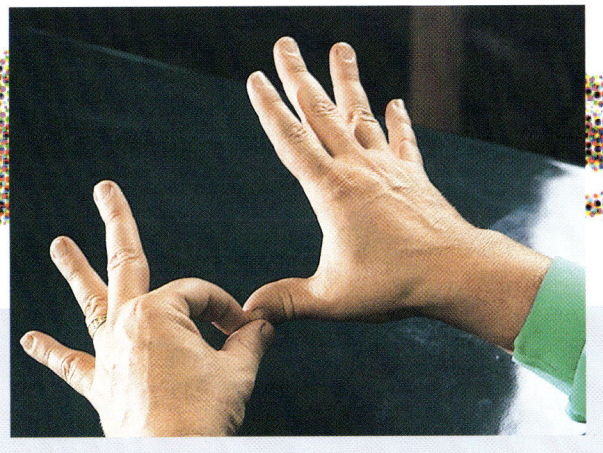

Für graue Momente: das Lach-Mudra

Für Müde: das Muntermacher-Mudra

Als Letztes noch das Lach-Mudra. Wir haben ja gesehen: Lachen ist gesund! Erst mal wieder die Finger massieren, dann die Hände so zusammenführen:

Wenn das noch keine Power bringt, hilft nur noch das Muntermacher-Mudra: Zuerst Mittelfinger und Daumen ein bisschen massieren, damit sie gut durchblutet sind. Dann die Arme ausstrecken und den Daumen der linken Hand auf den Nagel des Zeigefingers der rechten Hand legen und die anderen Finger ausstrecken. Nach zwanzig Atemzügen Händewechsel.

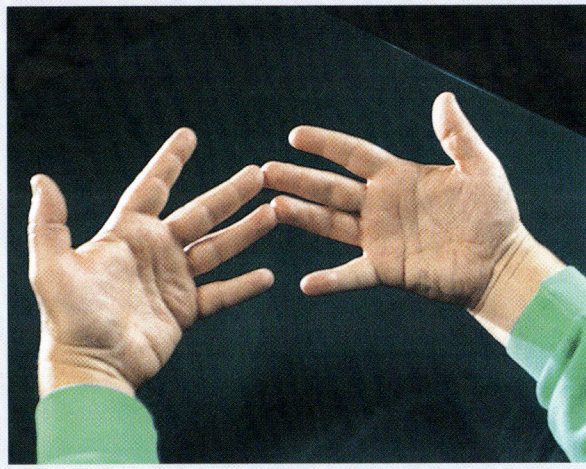

Es gibt noch viele andere Mudras. Als ich zum ersten Mal davon hörte, fand ich ziemlich spannend, was man alles mit seinen Händen ausprobieren kann.

Dann die Hände an den Bauch führen und beim Ausatmen brummen. Beim nächsten Ausatmen dann HaHaHa sagen oder HoHoHo. Das in tiefer und dann in hoher Tonlage. Viele bringt das zum Lachen, den anderen tut's trotzdem gut.

Was man mit Händen machen kann: zum Beispiel Akupressur

Mit den Fingern heilen: Akupressur

Als ich mich mit Experimenten beschäftigte, die man mit seinen Händen machen kann, bin ich noch auf etwas anderes gestoßen: die Akupressur. Akupressur ist sozusagen die kleine Schwester der Akupunktur. Akupunktur sollte nur von Ärzten gemacht werden, aber die Akupressur kann manchmal bei kleinen Beschwerden helfen.

Zum Beispiel bei ZAHNSCHMERZEN

Einen Finger auf einen Punkt direkt unter der Nase drücken. Wie bei der Akupunktur muss man diesen Punkt finden. Man kann das übrigens auch ausprobieren, ohne Zahnschmerzen zu haben. Wenn man den richtigen Punkt erwischt hat, stellt sich im Mundbereich ein etwas taubes Gefühl ein.

Die Zahnschmerzen gehen davon nicht weg, diese Akupressurbehandlung kann aber helfen, die Zeit im Wartezimmer des Zahnarztes zu überbrücken.

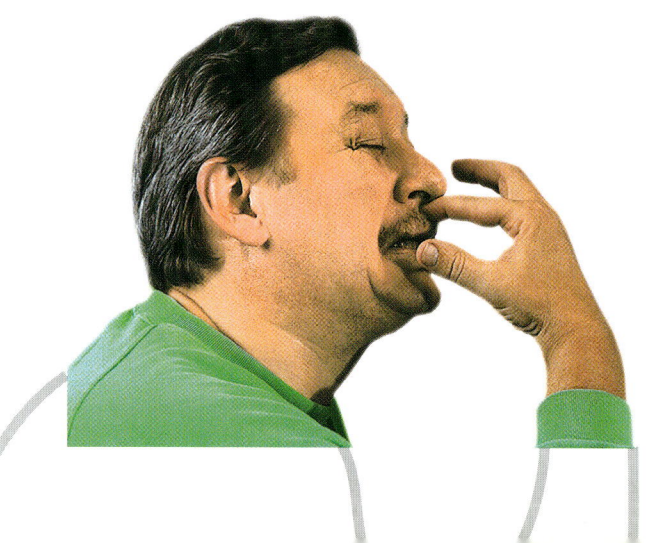

Auch für KOPFSCHMERZEN, jedenfalls dann, wenn sie oft auftreten, ist der Arzt zuständig. Aber es gibt auch mehrere Akupressurpunkte, die den Kopfschmerz lindern oder sogar beenden.

Ob das Drücken auf zwei Stirnpunkte hilft oder ein Drücken auf den Haaransatz oder auf die vorderen Enden der Schläfen oder auf die Unterseite des Augenknochens, muss man ausprobieren. Das hängt sicher auch von der Ursache des Kopfschmerzes ab. Oft hilft es auch, wenn man die Finger leicht kreisen lässt.

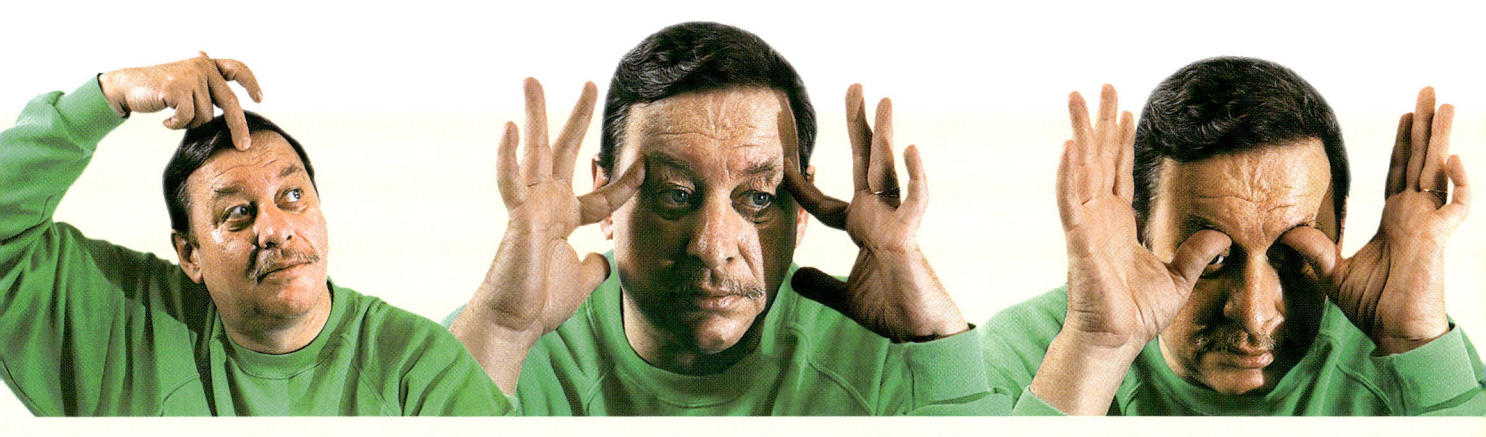

Noch einen letzten Akupressurpunkt will ich verraten. Der sitzt an der Seite des Daumennagels. Wenn man den mit dem Nagel des Zeigefingers drückt, tut das ein wenig weh, lindert aber den Schmerz an einer anderen Stelle des Körpers.

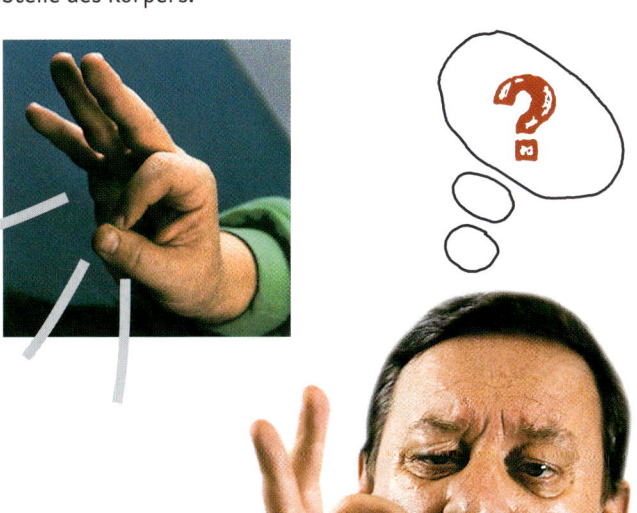

Wie beim Mudra-Yoga kann ich auch bei der Akupressur nur ein paar kleine Beispiele zeigen. Und Mudra-Yoga und Akupressur haben noch eines gemeinsam: Ich kann nicht erklären, wieso das funktioniert.

Richtig überzeugende Erklärungen bietet die Wissenschaft dafür nicht. Da ist also noch viel Raum für zukünftiges Forschen und Experimentieren.

Finger sind keine Thermometer

Tolle Sachen können die Hände. Es gibt aber auch Dinge, für die sie weniger geeignet sind. Zum Beispiel das Messen von Temperatur.

Da wird jetzt jeder die Stirn runzeln, denn um zu fühlen, ob etwas heiß oder kalt ist, benutzen wir doch oft die Hände. Das folgende Experiment soll zeigen, wie „relativ" das Temperaturgefühl der Hände ist:

Vor mir stehen drei Schüsseln mit Wasser. In einer ist kaltes Wasser, in der mittleren lauwarmes und in der rechten heißes. Natürlich ist mir ganz klar, wo es heiß ist und wo kalt.

Aber jetzt tunke ich beide Hände in das lauwarme Wasser – und erlebe eine Überraschung!

Die eine Hand findet das Wasser warm, die andere kalt. Obwohl es doch dasselbe Wasser ist. Unser Temperaturgefühl ist eben „relativ".

Wie uns unsere Augen manchmal austricksen

Aber die Hände sind bei weitem nicht unser wichtigstes Sinnesorgan. Die meisten Informationen aus unserer Umwelt nehmen wir über die Augen auf. Sehen ist ein hoch komplexer Vorgang. Denn damit, dass Licht auf die Sehnerven auf der Netzhaut fällt, ist es nicht getan.

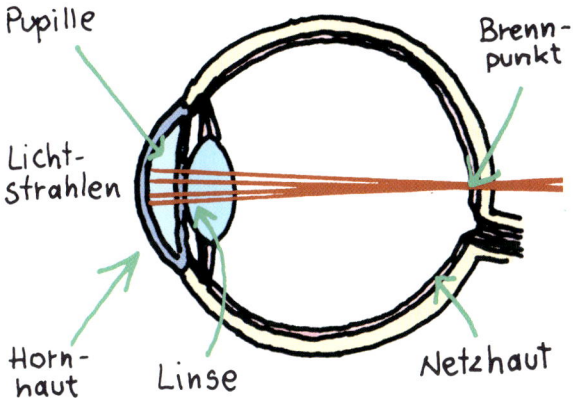

Das Gehirn muss die Informationen weiterverarbeiten, die Bilder der beiden Augen zusammenführen, sie mit früheren Bildern vergleichen, entscheiden, ob Bilder in den Gedächtnisspeicher übernommen werden oder gleich wieder vergessen.

Das Loch in der Hand

Zwei Augen zu haben ist wichtig, weil wir nur so Entfernungen schätzen und plastisch sehen können. Das funktioniert, weil beide Augen fast gleiche Bilder sehen und aus den winzigen Unterschieden ein dreidimensionales Bild machen.

Was aber, wenn jedes Auge etwas anderes sieht?

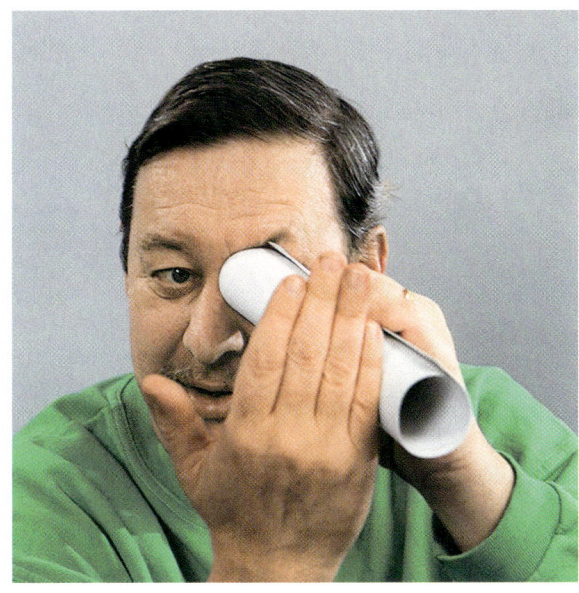

Wenn wir ein Auge durch ein gerolltes Blatt Papier oder eine gerollte Zeitschrift gucken lassen und neben das Ende des Papiers eine Handfläche halten, sieht jedes Auge etwas anderes. Da muss sich das Gehirn entscheiden, welches Auge gewinnt. Wenn ich diesen Versuch mache, sehe ich ein Loch in meiner Hand.

A
U
G
E
N

A
U
F
!

Ich sehe doppelt

Die Augen stellen die Entfernung zu einem Objekt ein, so wie man eine Kamera scharf stellt. Man braucht nur einen Finger vor die Nase zu halten, um zu sehen, dass man sozusagen umschalten kann vom Scharf-Sehen auf den Finger und der Schärfe des Hintergrunds.

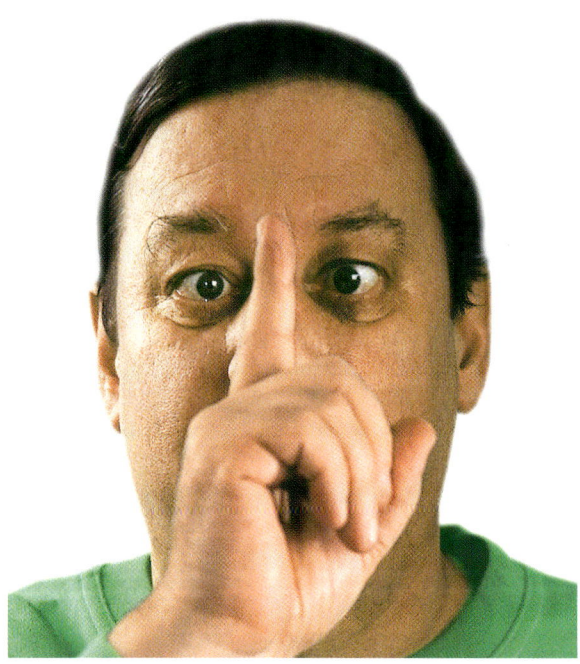

Dabei passiert wieder etwas Merkwürdiges: Wenn man auf den Finger guckt, sieht man den Hintergrund doppelt, wenn man auf den Hintergrund guckt, verdoppelt sich der Finger. Natürlich nicht der Finger selbst, sondern nur das Bild vom Finger, das im Gehirn entsteht. Weil der Finger so nah am Auge ist, müssen sich die Augen bewegen, um den Finger scharf zu sehen. Wenn man den Finger immer näher ans Auge führt, fängt man an zu schielen.

Das Frankfurter Würstchen

So nah am Auge kann man noch ein anderes Experiment machen, das die Fachleute „Frankfurter Würstchen" nennen.

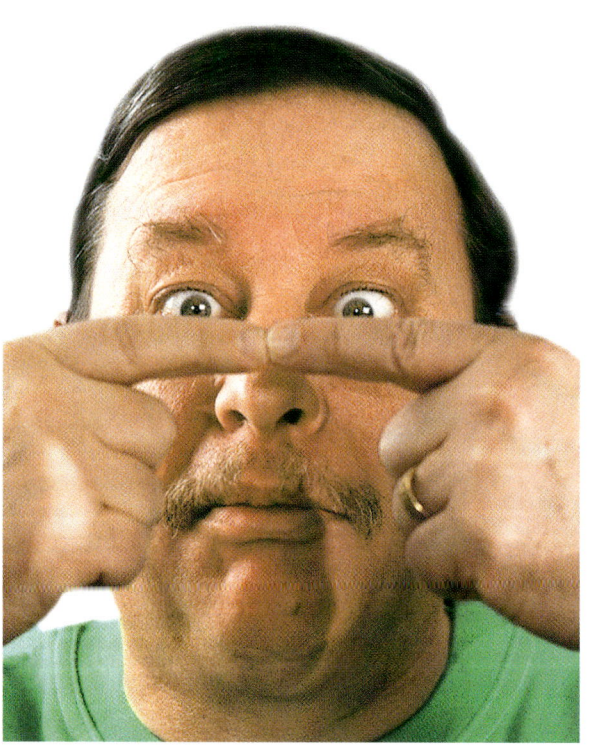

Wenn man die beiden gegeneinander gesetzten Finger immer näher ans Auge führt, sieht man zuerst die beiden Finger und plötzlich taucht zwischen den beiden Fingern etwas auf, das so aussieht wie eins von diesen kleinen Cocktailwürstchen. Wieder erzeugt unser Gehirn das Bild; diesmal ein Bild von etwas, das gar nicht da ist.

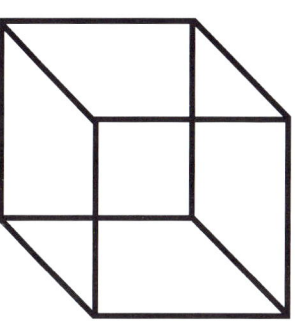

A
U
G
E
N

A
U
F
!

Kugel oder Kelle?

Wenn das Gehirn aus dem, was die Augen sehen, Bilder macht, greift es auch auf Erfahrungen zurück. Das müssen nicht einmal Erfahrungen sein, die wir selbst gemacht haben. Die Wissenschaftler meinen, dass das folgende Experiment funktioniert, weil schon die Urmenschen gelernt haben, dass die Sonne draußen einen Gegenstand von oben bescheint, dass eine Höhle aber oben dunkel und unten hell ist.

Es sieht doch so aus, als seien in der Mitte ausgehöhlte Kugeln zu sehen. Aber wenn man das Buch auf den Kopf stellt, sieht die Sache schon ganz anders aus.

Was Dreiecke mit Fischen zu tun haben

Das folgende Phänomen muss im Gehirn bei der Beobachtung von Fischschwärmen entstanden sein. Wenn man sich diese Dreiecke anguckt

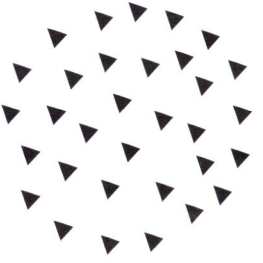

und sich fragt, in welche Richtung sie zeigen, fällt auf, dass sie immer alle in die gleiche Richtung gucken.
Wenn man es sich überlegt, wäre es ja möglich, die einen in eine Richtung, die anderen in die andere Richtung gucken zu lassen.

Aber das will dem Gehirn einfach nicht gelingen, weil es dafür offenbar nicht programmiert ist.

Wo ist denn bei diesem Würfel oben?

Dieser Würfel verwirrt das Gehirn, weil die Linien keinen Anhaltspunkt liefern, welche Ecke oben und welche unten ist.

Trotzdem versucht das Gehirn immer wieder, den Würfel als Würfel, also als dreidimensionales Gebilde wahrzunehmen. Wenn man ein bisschen probiert, kann man dem Gehirn sogar befehlen, von einer Perspektive auf die andere umzuschalten.

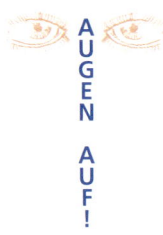

A
U
G
E
N

A
U
F
!

Warum auch Karikaturen wieder erkennbar sein können

Wie unser Gehirn funktioniert, wenn es darum geht, Gesichter zu erkennen, habe ich verstanden, als ich den Schnellzeichnern zugesehen habe, die in Rom auf der Piazza Navona in wenigen Minuten Porträts von Touristen anfertigen. Die fangen nämlich mit den Augen an und geben sich damit auch sehr viel Mühe. Ich dachte: „Das kann ja ewig dauern, wenn die so weitermachen." Aber nachdem die Augen und ihre Umgebung fertig waren, machten sie eigentlich nur noch ein paar schnelle Striche und fertig war das Bild.

Sogar wenn sie eine Karikatur machen wollten, war der oder die Porträtierte immer gut zu erkennen.

Auch um das zu zeigen, gibt es ein interessantes Experiment.

Da stehe ich zwar auf dem Kopf, bin aber trotzdem gut zu erkennen.
Aber irgendwie stimmt an dem Bild was nicht.

Genau:

Die Augenpartie ist ausgeschnitten und wieder umgedreht.
Da dürfte es doch nichts ausmachen, wenn man das Buch umdreht und den Kopf wieder richtig rum stellt.

Oder?

Experimente
mit dem eigenen Körper,
die man besser nicht
machen sollte

Ich finde, es macht Spaß, mit seinem Körper zu experi-
mentieren und herauszufinden, wie er funktioniert.
Man sollte seinen Körper beobachten und auf ihn hören.
Zum Beispiel etwas essen, wenn der Magen knurrt.
Oder trinken, wenn man Durst hat. Natürlich kann man
das auch übertreiben, wie der Hypochonder, der bei
jedem Wehwehchen gleich zum Telefon greift, um den
Sarg zu bestellen.

Wie den Wissenschaftlern sind auch uns enge
Grenzen gesetzt, wenn es darum geht, Körper und Geist des Menschen zu erforschen.
Niemand wird auf die Idee kommen, sich
einen Finger abzuschneiden, um herauszufinden, ob er wieder anwächst. Dennoch
experimentieren einige mit ihrem Körper
genau so. Etwa indem sie testen, wie viel
Alkohol sie vertragen, oder indem sie die Wir-
kungen von Drogen ausprobieren. Diese
Experimente bringen nichts und sind im Übri-
gen alle schon gemacht worden. Den Hoch-
gefühlen folgen Tiefgefühle, haben die Wissenschaftler
rausgekriegt, ob man das nun Kater oder Depression
nennt.

Selbst die Glücksgefühle, die man erlangt, wenn man
nach Anstrengung etwas Tolles erreicht hat, halten
nicht ewig an. Aber da bleibt einem wenigstens der
Stolz auf die eigene Leistung und – wenn man Glück
hat – die Anerkennung der Umwelt.

Vor mehr als vierzig Jahren gab es ein berühmtes Wahlplakat des damaligen Bundeskanzlers Konrad Adenauer. Darauf stand: „Keine Experimente!" Einfach so. Aber was bedeutete diese Forderung? Sollte es etwa keine Versuche in Labors mehr geben? Wollte Adenauer den Forschern das Forschen und Testen verbieten? Natürlich nicht. Adenauers Wahlslogan bezog sich auf Experimente mit der Wirtschaft, die kompliziertesten und in gewisser Hinsicht gefährlichsten Experimente, die man machen kann.

Keine Experimente!
Konrad Adenauer CDU

Ein Bundeskanzler sagt: „Keine Experimente!"

Leute, die an dieser Art von Experimenten mitwirken, tragen keine weißen Kittel, sondern meistens dunkle Anzüge. Aber auch die Politiker und Wissenschaftler, die Wirschaftsexperimente machen, sind nicht im Besitz der absoluten Wirtschaftsweisheit.

Aber manche Leute wissen mehr über die hohe Kunst der Wirtschaftslenkung als andere. Einer davon ist der belgische Wirtschaftswissenschaftler Bernard Lietaer. Er war im Vorstand der belgischen Zentralbank und an der Einführung des Ecu beteiligt, dem Währungssystem, das später zum Euro führte. In den USA und in Europa ist er Professor für Finanzwesen und er hat viele Bücher über das Thema Geld geschrieben.

Herr Lietaer, kann man überhaupt Wirtschaftsexperimente machen und werden die Experimente dazu führen, dass man eines Tages weiß, was man tun muss, um die Wirtschaft richtig zu steuern, zum Wohlergehen aller Menschen?

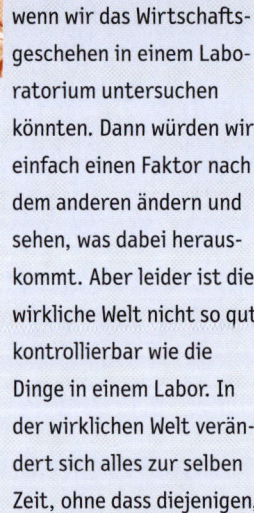

(Er lacht) „Es wäre schön, wenn wir das Wirtschaftsgeschehen in einem Laboratorium untersuchen könnten. Dann würden wir einfach einen Faktor nach dem anderen ändern und sehen, was dabei herauskommt. Aber leider ist die wirkliche Welt nicht so gut kontrollierbar wie die Dinge in einem Labor. In der wirklichen Welt verändert sich alles zur selben Zeit, ohne dass diejenigen, die ein Experiment durchführen, Einfluss darauf haben."

Aber wir leben doch in einer geordneten Welt. Was macht das Experimentieren mit der Wirtschaft so schwierig?

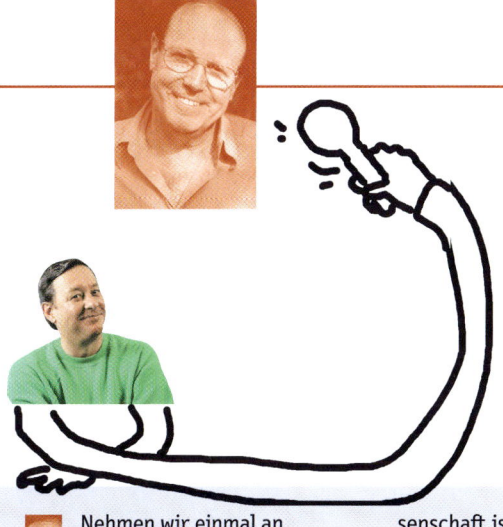

 „Nehmen wir einmal an, man würde die Steuern für Autos senken. Dann müssten im nächsten Jahr eigentlich mehr Autos verkauft werden. Aber das funktioniert nur, wenn sonst alle Bedingungen gleich blieben. Das jedoch ist in der wirklichen Welt selten der Fall. Wenn zum Beispiel gerade die Börsenkurse abstürzen oder viele Menschen ihre Arbeit verloren haben, wenn es einen Krieg gibt oder eine Umweltkatastrophe, dann werden trotz der Steuersenkung weniger Autos verkauft."

 Dann kann man also gar keine Experimente mit der Wirtschaft machen, weil doch immer alles schief geht?

 „Streng genommen ist nur das Wort ‚Wirtschaftsexperiment‘ ein wenig irreführend. Die Wirtschaftswissenschaft ist nämlich keine exakte Wissenschaft wie die Physik oder die Chemie. Wirtschaftswissenschaft ist eine Sozialwissenschaft wie die Soziologie oder die Politologie. In unserer Wissenschaft spielen Menschen die Hauptrolle, komplizierte Wesen, deren Handlungen kaum vorhersehbar sind. Das macht die Sache ja auch so spannend."

 Die Menschen könnte ich schon einigermaßen verstehen, glaube ich. Aber es scheint ja auch ein Geheimnis um das Geld zu geben. Eines habe ich nie verstanden: Wenn ich zum Beispiel mein Geld zur Bank trage, bekomme ich dafür Zinsen. Dieses Geld bekommt die Bank zum Beispiel von Leuten, die sich dort Geld geliehen haben, um ein Haus zu bauen und die dieses Geld nun mit Zinsen zurückzahlen müssen. Ich habe also mehr Geld durch meinen Zinsgewinn, die Bank hat mehr Geld durch ihren Zinsgewinn, die Leute mit dem Haus haben auch sofort Geld bekommen, um das Haus überhaupt bauen zu können, die Handwerker, die das Haus bauen, bekommen ebenfalls Geld ... aber irgendwie sagt mir mein gesunder Menschenverstand, dass da etwas nicht stimmen kann.

 „Stimmt, die Rechnung geht nicht ganz auf. Der Grund liegt darin, dass nur ein kleiner Teil des Geldes, das die Bank ausleiht, von anderen Menschen dort eingezahlt worden ist."

 Und woher kommt der Rest?

 „Es wird aus dem Nichts erschaffen! Das ist das, was der Fachausdruck ‚Fiat Geld‘ bedeutet. Der Ausdruck kommt aus dem Lateinischen und bedeutet: ‚Es werde Geld‘, ein quasi göttlicher Vorgang. Das Geld erschafft sich letztlich nur aus der Kraft des Wortes."

 Ich bin sprachlos!

 (Er lacht) „Um das ganz zu verstehen, müssen wir hinter die Kulissen schauen. Auf den ersten Blick erscheint es so, als würde das Geld in den Druckereien und Prägeanstalten der Zentralbank gemacht. Aber das sind nicht die Orte, an denen das Geld entsteht. Genauso wenig, wie das Kaninchen wirklich aus dem Hut des Zauberers kommt. Um zu verstehen, woher es wirklich kommt, müssen wir uns den Zylinder etwas genauer ansehen."

 Bedeutet das etwa, dass das Geld eine Illusion ist?

 „Es entsteht aus dem Nichts. Ob man es glaubt oder nicht, zur Erschaffung des Geldes ist fast immer ein Bankkredit nötig. Und wenn dieser zurückgezahlt wird, verschwindet das Geld wieder im Nichts, aus dem es kam. Natürlich gibt es eine Reihe von Vorgängen, die das Ganze komplizierter aussehen lassen. Aber am Ende läuft es nur darauf hinaus zu kontrollieren, wie viel Geld jede Bank

Eine neue Art von Geld

erschaffen kann. Es geht darum, wer wie viele Kaninchen aus welchem Hut zaubern darf."

Die Leute jammern immer, wenn sie hören, dass das Wirtschaftswachstum sich verlangsamt. Aber ist das denn wirklich so schlimm? Es muss doch nicht immer alles schneller, größer und reicher werden. Man muss sich doch auch mal mit dem zufrieden geben, was man hat?

„Im persönlichen Bereich mag das ja zutreffen. Aber nicht in der Wirtschaft. Ohne Wirtschaftswachstum geht es nämlich immer rückwärts. Das ist wie in einer Tretmühle: Wer stehen bleibt, wird zurückgetragen."

Was ist es denn, was die Tretmühle in Gang hält? Da müsste man dann doch ansetzen?

„Richtig. Die Tretmühle wird durch einen ganz besonderen Treibstoff

befeuert. Diesen Treibstoff nennt man Zinsen. Wenn Banken Geld erschaffen, verlangen sie dafür Zinsen. Und diese Zinsen müssen als Erstes zurückbezahlt werden. Solange das nicht geschehen ist, läuft die Tretmühle weiter. Sie verlangt immer mehr Wachstum, während der tatsächliche Lebensstandard gleich bleibt. Der Zinssatz bestimmt die Menge an Wachstum, die nötig ist, um wenigstens auf dem gleichen Stand zu bleiben."

Dann sind also die Zinsen das Grundübel? Und die Banken, die diese Zinsen von ihren Kunden verlangen?

„Nein, nein, da möchte ich nicht missverstanden werden. Ich habe nicht gesagt, dass man die Banken oder unser Geldsystem abschaffen soll. Es wäre naiv, auch nur darüber nachzudenken. Andererseits: Mit dem bestehenden System allein kann man die großen Probleme unserer Wirtschaft

nicht lösen. Man muss etwas schaffen, das unser Geldsystem ergänzt."

Was könnte das sein?

„Ich bin davon überzeugt, dass wir etwas schaffen müssen, was Wirtschaftswissenschaftler ‚komplementäre Währungen' nennen, ein zusätzliches System, das neben dem Euro, dem Dollar oder dem Yen existiert. Solche Systeme gibt es bereits. Dort liegen unsere Chancen, dort liegt der Schlüssel für die Lösung unserer Probleme."

Doch ein Experiment?

„In gewisser Weise ja, denn bei der Einführung einer komplementären Währung hat man es ebenfalls mit vielen verschiedenen Faktoren zu tun und mit Menschen, diesen komplizierten Wesen mit ihren unvorhersehbaren Handlungen."

Ich muss gestehen, dass ich am Anfang meines Gespräches mit Bernard Lietaer etwas enttäuscht war, weil ich dachte, in der Wirtschaft wird mehr experimentiert. Aber dann wurde mir klar, dass ich an die falschen Experimente gedacht hatte, an die Konjunkturprogramme, Zinssenkungsprogramme, Steuerentlastungsprogramme und wie sie alle heißen. Plötzlich wusste ich, dass die wirklich wichtigen Experimente näher bei den Menschen stattfinden müssen, bei denen, die den Nutzen der Wirtschaftsexperimente haben sollen. Ich habe noch lange mit Bernard Lietaer zusammengesessen und nach und nach von vielen Experimenten erfahren, die Menschen in der ganzen Welt mit diesen besonderen „komplementären Währungen" gemacht haben. Im Grunde ist die Idee gar nicht einmal so neu. Aber in den letzten Jahren erfährt sie überall auf der Welt einen richtigen Boom.

Herr Lietaer, ich danke Ihnen für dieses Gespräch.

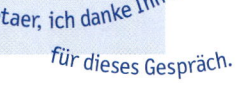

Das Experiment von Wörgl

Wörgl war eine Gemeinde in Österreich. Anfang der Dreißigerjahre des zwanzigsten Jahrhunderts lebten dort 4000 Menschen. 400 von ihnen waren durch die Wirtschaftskrise arbeitslos geworden, und die Gemeinde hatte kein Geld, sich um die Armen, Kranken und alten Leute zu kümmern.

Der Bürgermeister dieser Gemeinde wollte seinen Bürgern helfen und er begann zu lesen: Er las sich durch die Werke vieler kluger Leute, aber er fand keine Lösung für seine Stadt. Da fiel ihm das Buch „Die natürliche Wirtschaftsordnung" eines deutsch-argentinischen Kaufmanns namens Silvio Gesell in die Hände. Und endlich hatte er eine Idee für ein Wirtschaftsexperiment, das seiner Gemeinde vielleicht wieder auf die Sprünge helfen könnte: Der Bürgermeister gab eigenes Geld heraus, eine eigene Währung nur für Wörgl.

Leider fand er keinen guten Namen für diese neue Währung. Ihm fiel nichts Besseres ein, als das neue Geld „Arbeits-Wert-Bestätigungs-Schein" zu nennen. Aber das Experiment funktionierte trotzdem, denn alle Bürger machten mit. Was blieb ihnen auch anderes übrig?

Mit dem neuen Geld konnte die Gemeinde Arbeiter einstellen und notwendige Bauvorhaben beginnen, zum Beispiel eine Kanalisation in einem besonders armen Stadtteil. Außerdem wurde eine Brücke gebaut und das Rathaus renoviert. Alle Arbeiter wurden mit dem neuen Geld bezahlt und konnten damit einkaufen gehen, da alle Geschäftsleute sich verpflichtet hatten, das neue Geld ebenfalls anzuerkennen: Der Apotheker gab Medizin aus, der Bäcker Brot und der Schuster flickte die Schuhe der Kinder. Und alle Geschäftsleute konnten wieder ihre Steuern an die Gemeinde entrichten, dadurch war der Kreislauf geschlossen.

Die Leute wurden auch davon abgehalten, das Geld zu Hause zu horten und den Kreislauf zu unterbrechen. Damit niemand es trotzdem tat, wurde eine monatliche Gebühr von einem Prozent auf das neue Geld erhoben, wenn man es nicht sofort ausgab. Diese Gebühr kam den Armen und den Alten und den Waisenkindern zugute, denjenigen, die selbst nicht arbeiten gehen konnten, um das neue Geld zu verdienen.

Das Experiment von Wörgl hatte riesigen Erfolg. Innerhalb eines Jahres sank die Arbeitslosigkeit in der Gemeinde um 25 Prozent, obwohl sie während der gleichen Zeit im restlichen Österreich um 10 Prozent gestiegen war. Der Ausgang des Experiments hatte die Grundannahme bewiesen: Langsam umlaufendes Geld erzeugt Hunger, Elend und Armut. Schnell umlaufendes Geld führt zu Wohlstand und Glück.

Dass auch heute noch Experimente mit diesem neutralen Geld funktionieren und den Menschen nützen können, zeigt sich zur Zeit wieder überall auf der Welt. Im Jahre 1984 gab es nur ein paar solcher besonderer Währungen. 1990 waren es schon über hundert. Heute sind es weit über 4000. Wirtschaftswissenschaftler nennen dieses neue Geld „komplementäre Währung", weil es das eigentliche Geld, dessen Strom nicht mehr richtig funktioniert, ergänzen oder gar ersetzen kann.

Experiment zum Nachmachen:

Experimente mit solchen komplementären Währungen funktionieren in allen überschaubaren Bereichen: in Städten und Dörfern, aber auch in kleineren Gruppen, überall dort, wo Menschen gerne etwas hätten, das sie sich aber mit unserem normalen Geld nicht leisten können und wo sie selber eine Leistung anbieten können. Das kann auch in der Schule, der Familie oder der Nachbarschaft funktionieren. So wie dieses Experiment hier:

Unter meinen Freunden gibt es viele Familien mit Kindern und Jugendlichen. Einige Jungen und Mädchen zwischen acht und vierzehn Jahren, deren Eltern im Sommer nicht mit ihnen verreisen konnten, hatten die Idee zu einem selbst organisierten Ferienprogramm. Weil jedoch öffentliche Angebote für sie als Taschengeldempfänger zu teuer waren (oder zu langweilig), machten sie ein Experiment mit einer Komplementärwährung. Dabei gingen sie so vor:

Sie überredeten einen Förster, ihnen für vier Wochen ein bestimmtes Stück in einem Wald zur Nutzung zur Verfügung zu stellen. Der Förster bekam dafür hundert Scheine selbst gedrucktes Geld (das neue Geld stellte ein kunstbegabter Junge mithilfe seines Computers her, er bekam dafür zehn Scheine neues Geld). Der Förster sollte sein neues Geld möglichst schnell wieder ausgeben: Für eine Stunde Müllsammeln im Wald nahmen die Kinder pro Kopf einen Schein von ihm. Einen Schein pro Stunde kostete auch das Babysitten bei den beiden kleinen Kindern des Försters. Ein Fledermausforscher hatte eine Großmutter, die nicht mehr selbst einkaufen konnte. Die Kinder boten ihre Dienste zum üblichen Preis an. Damit die Großmutter überhaupt an das neue

Geld kam, erklärte sich der Fledermausforscher bereit, für jeweils fünf Scheine spannende Nachtwanderungen mit Fledermausdetektoren für die Kinder zu veranstalten.

Bald sprach sich herum, was die Kinder vorhatten und immer mehr Leute wollten an dem neuen Geldsystem teilnehmen. Eines der Kinder, das gut in Mathe war, übernahm die Buchführung der Geldkonten, denn bald stellte sich heraus, dass manche Leistungen schon vor den Sommerferien erbracht werden mussten, andere während der Ferien und wieder andere kurz danach. Doch das war kein Problem. Das Mathegenie bekam für seine Dienste ebenfalls neues Geld gutgeschrieben.

Mütter buken Kuchen für das leibliche Wohl der Kinder und erhielten dafür das neue Geld. Sie gaben es wieder aus, als die Kinder ihre Rasen mähten, Unkraut in ihren Gärten zupften und Hunde Gassi führten. Ein italienischer Konditor versorgte sie mit einem Kühlwägelchen (und reichlich Eis darin), dafür allerdings mussten einige Stühle seiner Eisdiele abgeschmirgelt und neu gestrichen werden. Zwei junge Pädagogikstudentinnen wollten mit den Kindern Spiele veranstalten. Das neue Geld gaben sie aus, als einer der erwachsenen Teilnehmer, ein älterer Witwer, ihre neue Wohnung tapezierte. Er gab sein Geld aus, als eine der Mütter den Mann an vier Sonntagen zum Essen einlud. Sie gab ihr Geld aus, indem sie die Kinder beauftragte, während ihres Urlaubs die Pflanzen in ihrem Garten zu wässern.

Aber auch immer mehr Kinder wollten teilnehmen, denn um das Ferienlager besuchen zu können, mussten sie sich auch das neue Geld verschaffen. Das Programm nämlich kostete Eintritt: neues Geld.

Gescheiterte Wirtschaftsexperimente

Wie in anderen Bereichen gibt es auch in der Wirtschaft gefährliche und weniger gefährliche Experimente. Eine Grundregel besagt, dass ein Wirtschaftsexperiment umso gefährlicher wird, wenn es nicht mehr um echte Waren oder echte Dienstleistungen geht, sondern um Werte, die mit unserem Geschmack, unserer Fantasie oder unserem Glauben zu tun haben.

Ein Beispiel für gescheiterte Wirtschaftsexperimente sind die so genannten Bubbles, Blasen, die in regelmäßigen Abständen immer wieder platzen. In den vergangenen 350 Jahren ist das bislang genau 43-mal geschehen, im Durchschnitt etwa alle 20 Jahre.

Die erste dokumentierte Blase gab es im Jahr 1637 in Holland. Damals ging es um Tulpenzwiebeln. Weil es modern war, sein Heim mit Tulpen zu schmücken, waren die Zwiebeln nämlich immer und immer teurer geworden. Eine Tulpenzwiebel war nicht nur mehr die Verheißung einer Pflanze, sie war das Symbol von Glück und Wohlstand. Holländische Händler hielten den Markt knapp. Und sie redeten den Leuten ein, dass es nur wenige Tulpenzwiebeln gäbe und dass sie einen großen Wert hätten. Letztlich kosteten manche besonders schöne Tulpenzwiebeln mehr als ein Pferd, mehr als ein ganzes Haus, mehr als ein Stück Land. Doch sehr bald platzte die Blase, denn immer mehr Tulpen wurden angeboten und von einem Tag auf den anderen war niemand mehr bereit, für so etwas Gewöhnliches wie eine Tulpenzwiebel einen Haufen Geld auszugeben. Viele Menschen hatten all ihre Ersparnisse in Tulpenzwiebeln angelegt. Nun mussten sie feststellen, dass das idiotisch gewesen war. Sie waren plötzlich arm wie die Kirchenmäuse geworden.

Die Pokémon-Blase

Im Kleinen hat sich so ein Platzen einer Blase auch in meiner unmittelbaren Umgebung zugetragen. Und zwar mit Pokémonkarten.

Zwei kleine Jungen, denen das etwas peinlich ist und die deswegen nicht genannt werden wollen, waren große Pokémonfans. Sie sammelten die Kärtchen und tauschten sie und einige von ihnen kauften sie sogar für viel Geld. Nun ist eine Pokémonkarte ja bei Lichte betrachtet nicht viel mehr als ein kleines Stückchen Pappe mit einem bunten Aufdruck. Der Wert besteht in der Fanta-

sie der Sammler, in ihrer Kenntnis der Geschichten von Ash und seinen Freunden und in der Macht, die ein Junge hat, wenn er die tollsten Karten sein eigen nennt. Die beiden Jungen leben in Hamburg und in ihrer Schule wurden im Sommer 2002 immer noch Pokémonkarten getauscht und teilweise auch verkauft. Preise von zehn oder mehr Euro waren keine Seltenheit. Doch dann kamen die großen Ferien. In diesem Sommer reisten die Jungen mit ihren Eltern auf eine kleine Insel in der Nordsee und blieben dort fast zwei Monate lang.

In dieser Zeit geschah etwas Merkwürdiges. Das Pokémonfieber ebbte in den großen Städten ab. Auf der kleinen Insel jedoch, wo mittlerweile auch schon Ferien waren, bemerkten sie davon nichts. Manche der Insulanerjungen aber schienen es zu ahnen. Jedenfalls verkauften sie den beiden Jungen die besten Pokémonkarten zu, wie die Käufer klammheimlich grinsend bemerkten, sehr günstigen Preisen. Eine silberne Karte von Bisasam zum Beispiel sollte nur acht Euro kosten, fast geschenkt, fanden die Jungen. Und sie kauften, was das Taschengeld nur hergab.

Als sie nach dem Sommer in ihre Schule in Hamburg zurückkehrten, zeigten sie stolz ihren Kartenschatz vor und erlebten ihr blaues Wunder. Niemand wollte die Karten mehr sehen oder gar tauschen. Pokémonkarten waren innerhalb weniger Wochen mega-out geworden. Sie zu besitzen, war nicht mehr cool, sondern peinlich. Ein größerer Junge schenkte ihnen sogar seine komplette Sammlung. Sie interessiere ihn nicht mehr, sagte er. Die Pokémonkarten waren wieder zu dem geworden, was sie in ihrem Kern immer gewesen waren: kleine Stückchen bunt bedruckter Pappe.

Viele, viele Experimente, bis ein Produkt im Geschäft zu finden ist

Als ich, den Kopf noch voller Gedanken, von dem Gespräch mit Bernard Lietaer nach Hause fuhr, ließ mich ein Bericht im Autoradio aufhorchen. Da war von Experimenten die Rede. Von Experimenten mit Menschen, denen man Verpackungen zeigte. Shampooflaschen. Die Menschen sollten sagen, wie teuer das Shampoo darin wohl sei.

Dunkelblau und Gold oder Dunkelrot und Gold sehen natürlich edel und teuer aus. Aber vermittelt man den Käufern damit nicht den Eindruck von etwas Luxuriösem, dessen Inhalt den Preis nicht wert ist? Wie muss eine Shampooflasche aussehen, die ein hochwertiges, dem neuesten Stand der Wissenschaft entsprechendes, sympathisches und frisches Shampoo enthält?
Das Ergebnis dieser Experimente kann man im Supermarkt finden. Aber wie werden diese Experimente gemacht? Und wer macht die? Über Freunde und

Bekannte habe ich Charles Greene gefunden. Er hat in Werbeagenturen und Marketingfirmen gearbeitet und kennt sich aus.

Ein großer, schlaksiger Amerikaner mit breitem Akzent, der oft, gerne und herzlich lacht. Er erzählt, dass die großen Konzerne ihre Augen und Ohren überall haben. Sie sammeln von überall her Informationen, um sofort mitzubekommen, wenn es irgendwo ein Bedürfnis gibt, das sie mit einem Produkt befriedigen können. Bis in die kleinsten Nischen

werden der Markt und seine Bedürfnisse beobachtet. Ist ein Bedürfnis ausgemacht, überlegt man sich, wie das Produkt aussehen muss, das das Bedürfnis befriedigt. Nehmen wir an, es soll ein würziges Joghurtprodukt sein. Verschiedene Rezepturen mit unterschiedlichen Geschmacksrichtungen werden angerührt. Und schon kommt das erste Experiment, oder Test, wie Charles Greene sagt.

Ohne dass sie wissen, um welches Produkt es sich handelt, zum Teil bei farbigem Licht, damit sie die Proben nicht unterscheiden können, essen Testpersonen von den Proben. In diesem ersten „Blind-Test" wird die grobe Richtung ermittelt. Von vierzig Rezepten bleiben etwa sechs übrig. In immer neuen Tests wird dann das Rezept weiterentwickelt, bis man meint, das beste würzige Joghurt gefunden zu haben. Damit auch wirklich der Geschmack einer breiten Käuferschicht getroffen wird, sind an so einem Geschmackstest etwa dreihundert Testesser beteiligt.

Dann wird die Verpackung getestet. Dazu wird in dem Marktforschungsinstitut ein Lebensmittelregal aufgebaut. Die Testkäufer können sich für einen bestimmten Betrag Waren aussuchen. Dabei wird nicht nur getestet, bei welcher Verpackung die Kunden am ehesten zugreifen, sondern auch, wie sich das neue Produkt gegenüber der Konkurrenz durchsetzt.

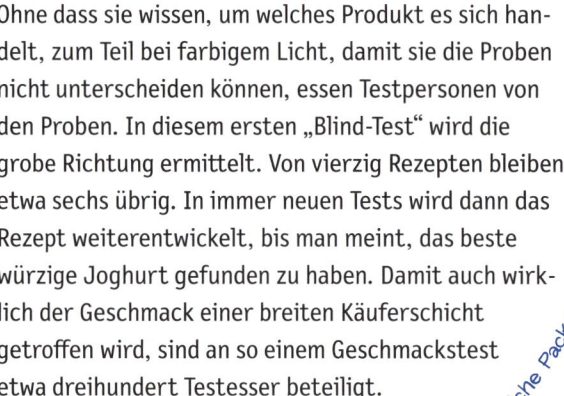

Die Käufer werden intensiv befragt, zum Beispiel auch darüber, was sie für das Produkt ausgeben würden, ob sie sich vorstellen könnten, das Produkt regelmäßig zu kaufen und warum sie nach dem Produkt gegriffen haben.

Welche Packung kommt beim Kunden wohl am besten an?

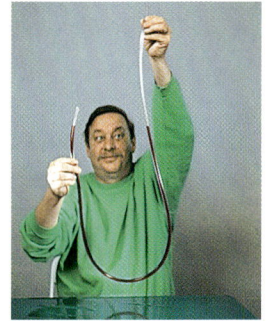

„Marketing ist wie Krieg auf eine andere Art"

Bis ein Produkt auf den Markt kommt, gibt ein Konzern leicht eine Million Euro aus. Deswegen wird lieber einmal zu viel getestet als einmal zu wenig. „Es ist wie eine Schlacht; Marketing ist wie Krieg auf eine andere Art, du kannst dir das kaum vorstellen. Aber ganze Heere von Wissenschaftlern sind nur damit beschäftigt, den freien Willen der Menschen zu beeinflussen und – na ja, darauf läuft es hinaus – ihnen das Geld aus der Tasche zu ziehen." Charles lacht und haut sich vor Vergnügen auf die Schenkel. Aber als ich erschrocken gucke, beruhigt er mich. Denn bei aller Wissenschaft und Testerei: Von zehn Versuchen, ein Produkt auf den Markt zu bringen, schlagen acht fehl.

Ein Experiment, das hilft, satt zu werden

Das Experiment, von dem mir mein Freund Peter Weymar erzählt hat, spielt in einer Welt, die von Supermarktregalen weit entfernt ist. Burkina Faso liegt in Afrika, südlich der Sahara, in der so genannten Sahelzone. Dort verändert sich das Klima so, dass die Wüste Sahara sich immer weiter nach Süden ausbreitet. Die Menschen dort können immer weniger anbauen und weniger Vieh halten. Wenn es dort regnet, dann in Form von Unwettern oder sintflutartigen Niederschlägen, die in den betonharten Boden nicht eindringen können und auch Boden mit sich reißen und fortschwemmen. Zuerst versuchte man, den Menschen mit Tiefbrunnen zu helfen. Dadurch wurde aber nicht nur das Grundwasser abgesenkt, die Ziegenherden hielten sich auch länger in der Nähe der Brunnen auf und fraßen die Umgebung so kahl, dass überhaupt nichts mehr wuchs.

Ein Experiment aber war erfolgreich. Mithilfe von Entwicklungshelfern legten die Bauern dort, wo die Regenfälle sonst Zerstörungen anrichteten, Dämme an. Kleine Dämme, dreißig bis vierzig Zentimeter hoch. Sie bauten sie quer zu den Wasserläufen und so, dass die Dammkrone immer gleich hoch war.

Das kann man ganz einfach mit einer Schlauchwaage machen.

Auch wenn es viel Arbeit war, hat sich der Bau dieser kleinen Dämme doch gelohnt. Denn die Erde, die die Wasserfluten mit sich führten, setzte sich vor den Dämmen ab. Das Wasser blieb länger stehen und konnte so in den Boden einsickern. So konnte auf Feldern wieder erfolgreich gesät werden, die schon zehn Jahre vorher aufgegeben worden waren. Für die Bauern bedeutet das den Unterschied zwischen Hunger und bescheidenem Wohlstand.

Wie schon Bernard Lietaer sagte, kann es bei Experimenten, bei denen es um Wirtschaft geht, nicht einfach so sein, dass man bestimmte Ausgangsbedingungen schafft, die dann immer zum gleichen Ergebnis führen. Es muss auf die Menschen, die Umwelt und viele andere Bedingungen geachtet werden. Dann aber kann ein Experiment wie das in Burkina Faso sehr erfolgreich sein.

Die Menschen lernen fliegen

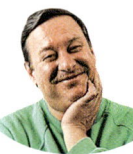

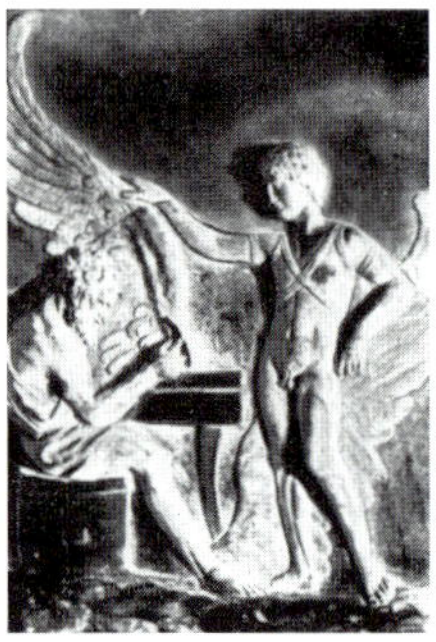

Ich denke, zu allen Zeiten haben die Menschen den Vögeln nachgeguckt und davon geträumt, auch fliegen zu können. Sie haben den Vogelflug genau beobachtet, um den Vögeln nacheifern zu können. Sie haben sich Flügel gebaut und jeder, der versucht hat, damit zu fliegen, ist abgestürzt. Aber wer vom Gedanken an das Fliegen besessen ist, gibt so schnell nicht auf.

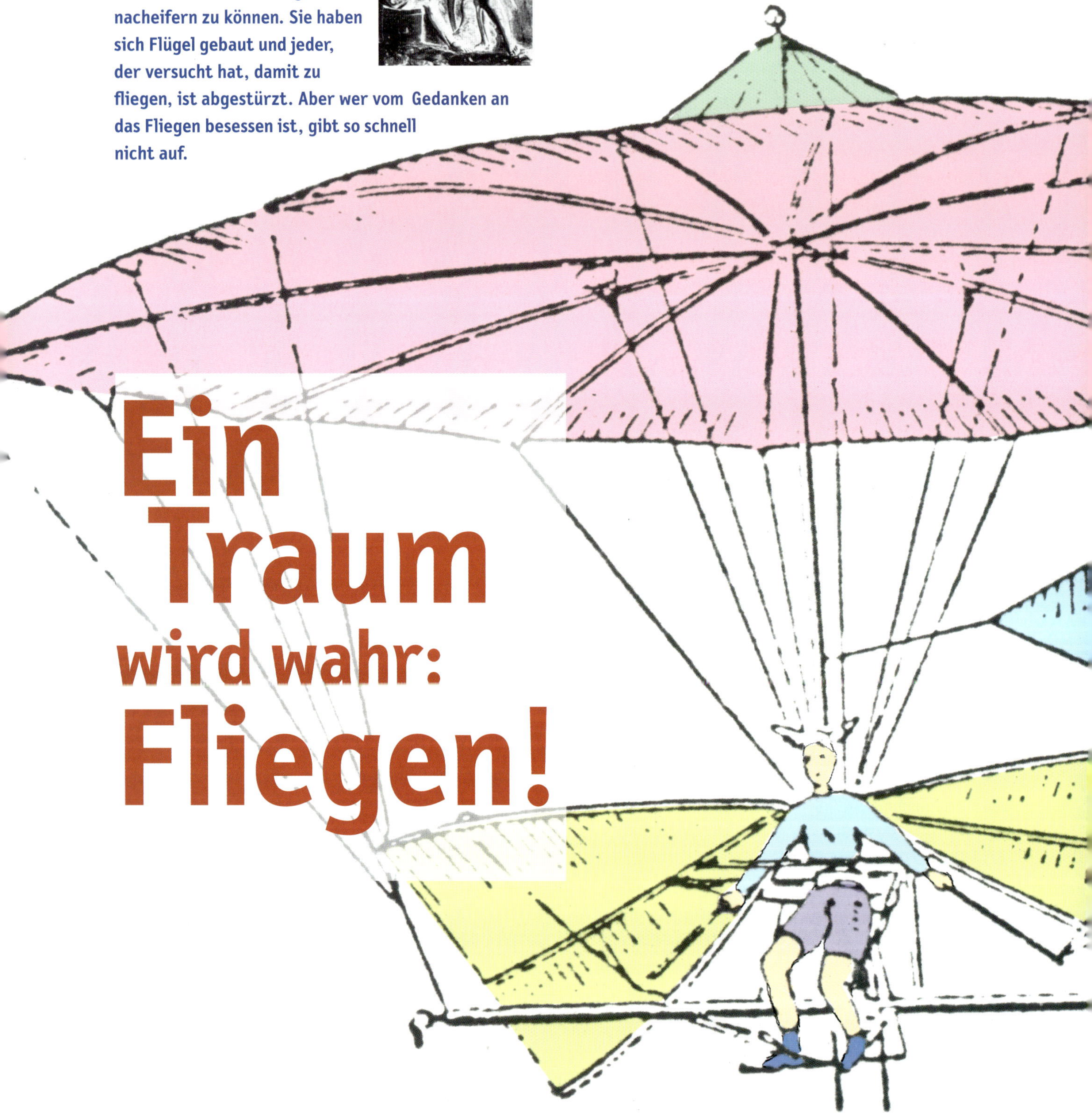

Ein Traum wird wahr: Fliegen!

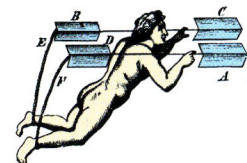

So richtig und nahe liegend es war, sich am Vogelflug zu orientieren, so fatal war es auch. Die Menschen konnten sich einfach nicht vorstellen, dass ihre Muskeln viel schwächer waren als die eines Vogels. Manch einer meinte gar, die Flugversuche schlügen deswegen fehl, weil die Flügel den Körper zu leicht machten. Ein Herr D'Aigmont fürchtete, von seinem Flugapparat fortgetragen zu werden. Deswegen band er sich an jedes Bein einen Sandsack von etwa 20 Kilo Gewicht.
Er sprang vom Dach seines Hauses, fiel auf das Dach des Schuppens seines Nachbarn, durchschlug es und brach sich beide Beine. Seinen Nachbarn verklagte er auf Schmerzensgeld.

Den Abbildungen, die man von diesen Flugmaschinen findet, sieht man schnell an, dass sie nie fliegen konnten. Dennoch hörten die Menschen nicht auf zu träumen.

Goethe schrieb in einem Brief aus der Schweiz im Jahre 1775: „Welche Begierde fühl' ich, mich in den unendlichen Luftraum zu stürzen, über den schauerlichen Abgründen zu schweben und mich auf einem unzugänglichen Felsen niederzulassen. Mit welchem Verlangen hol' ich tiefer und tiefer Atem, wenn der Adler in dunkler blauer Tiefe unter mir über Felsen und Wälder schwebt …
Soll ich denn immer nur die Höhe erkriechen, am höchsten Felsen wie am niedrigsten Boden kleben …?"

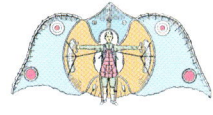

Aber es gab auch ganz andere Briefe. Zum Beispiel den Leserbrief des Astronomen Lalande, der am 23. Mai 1782 im „Journal de Paris" veröffentlicht wurde: „Sie sprechen seit langem so viel von Flugmaschinen und Wünschelruten, dass man am Ende auf den Gedanken kommen könnte, Sie glaubten an alle diese Torheiten. Es ist mit mathematischer Schärfe bewiesen, dass es dem Menschen ganz unmöglich ist, sich in die Lüfte zu erheben und darin zu halten. Nur ein unwissender Narr kann auf die Verwirklichung so fantastischer Ideen hoffen!"

Ein solcher „Narr" war Sir George Cayley. Seit er als Kind einen Fesselballon gesehen hatte, war er begeistert von der Idee des Fliegens. Aber Ballons kann man nicht steuern, sie werden nur vom Wind getrieben. Deswegen wollte Cayley das Modell „Vogel" weiterentwickeln.

Um die Einflüsse des Wetters auszuschalten, machte er seine ersten Versuche in seinem Wohnsitz Bromton Hall. Das war ein großes Herrenhaus; in einem heutigen Einfamilienhaus sind Flugexperimente bekanntlich schwierig durchzuführen. Er fand mit seinen Experimenten

eine Menge heraus. Zum Beispiel den Anstellwinkel. Der Anstellwinkel ist der Winkel, mit dem der Flügel von der Horizontalen abweicht.

Ist er zu steil, bremst er das Fluggerät zu stark. Ist er zu flach, ist der Auftrieb zu gering. Cayley fand heraus, dass ein Anstellwinkel von sechs Grad eine gute Lösung ist. Heute wissen wir, dass das eine Frage des Antriebs und damit der Fluggeschwindigkeit ist.

Cayley machte unzählige Experimente. Er fand heraus, dass ein gewölbter Flügel mehr Auftrieb hat als ein gerader. Dass die Form eines Körpers darüber entscheidet, wie groß sein Luftwiderstand ist. Fluggeräte mussten also „stromlinienförmig" sein.

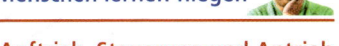
Als er mit seinen Fliegermodellen dann nach draußen ging, machte er noch eine Entdeckung, die heute ganz einfach klingt: Es ist am besten, gegen den Wind zu starten. Die meisten seiner Vorgänger unter den Flugpionieren waren mit dem Wind gestartet, weil sie sich Unterstützung vom „Rückenwind" erhofften, so auch der berühmte „Schneider von Ulm", Hans Jakob Berblinger. Dabei ist beim Starten gegen den Wind die Geschwindigkeit der Luft am Flügel höher. Und darauf kommt es an!

Cayleys Modelle wurden immer größer. Aber als er wagen konnte, einen Menschen damit zu befördern, fühlte sich Cayley schon zu alt. Immerhin war er schon 79. Also machte er seine ersten erfolgreichen Flugversuche mit einem zehnjährigen Jungen und mit seinem Kutscher, die mit dem Segelflieger ein Tal überquerten. Cayley träumte davon, dass man mit seiner Flugmaschine verunglückte Bergsteiger ins Tal bringen könnte.

Auftrieb, Steuerung und Antrieb. Das sind die drei Dinge, die man zum Fliegen braucht, hatte Cayley erkannt. Mit seinen systematischen Experimenten hat er viele Dinge herausgefunden, ohne die seine Nachfolger sicher weniger erfolgreich gewesen wären.

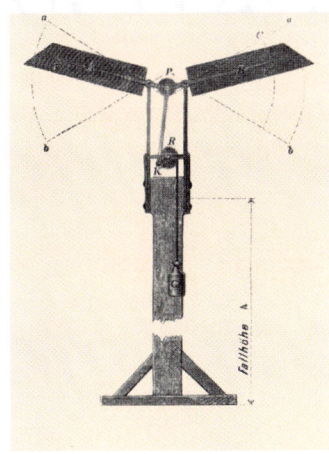

Otto Lilienthal

Unter denen, die Cayleys Experimente genau studierten, war Otto Lilienthal der erfolgreichste. Mit einem karussellähnlichen Apparat testete er verschiedene Flügelformen. Dann baute er erste Flugapparate, mit denen er sich aber nicht, wie viele seiner Vorgänger, von Kirchtürmen oder Felsklippen stürzte. Lilienthal ging sehr viel behutsamer vor: „Vom Schritt zum Sprung, vom Sprung zum Flug", wie er schrieb. Das heißt, er probierte mit seinem Fluggerät stehend, gehend und laufend, wie es auf den Wind reagierte und wie der Auftrieb wirkte. Mit einem verbesserten Apparat wagte er 1891 Sprünge von einem zwei Meter hohen Gerüst in seinem Garten. Sechs bis sieben Meter weit flog oder hüpfte er so. Bis zu sechzig Mal am Tag, zum einen, um Übung zu bekommen, zum anderen, um Veränderungen an den Flugapparaten zu testen.

Zusammen mit seinem Bruder Gustav baute Otto Lilienthal immer neue Flugapparate. Er fand heraus, dass eine Schwanzflosse dabei wichtig für die Steuerung ist. Dabei suchte er immer weiter nach dem besten Material für seine Fluggleiter. Weidenzweige und ein besonders dünner und fester Baumwollstoff, den er mit Leinöl imprägnierte, erwiesen sich als die beste Lösung.

Ab 1893 baute Lilienthal seinen Gleiter in einer faltbaren Version. Er baute eine kleine Serie und verkaufte seine „Flugzeuge", wie er sie als Erster nannte, in die USA und nach Russland. In einem Brief schrieb er:

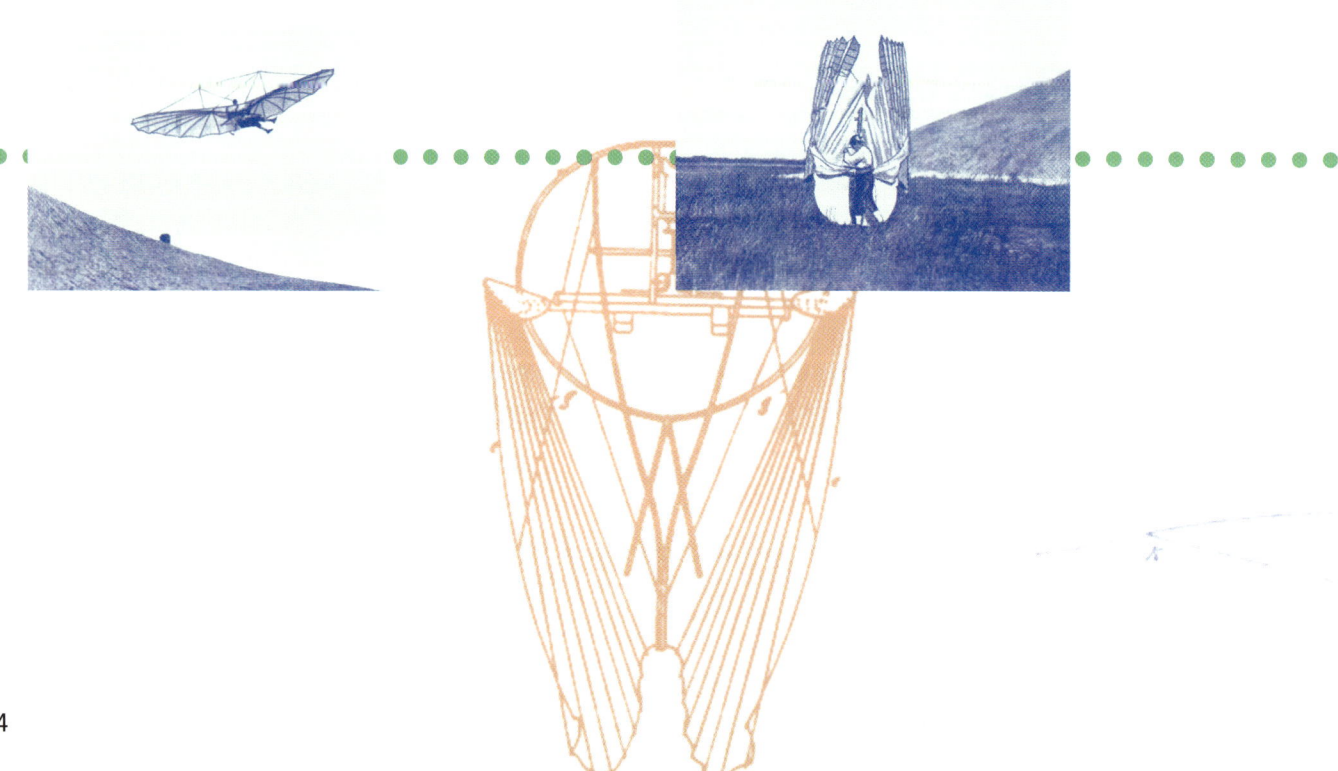

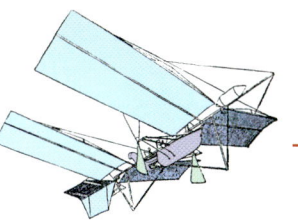

„Was uns bei der Lösung der Flugfrage am meisten fördern kann, das sind zahlreiche mit Verständnis und Geschick ausgeführte Versuche. Auf dem Papier allein kann überhaupt das Flugproblem nicht reifen. Theorie und Praxis müssen in Wechselwirkung sich ergänzend und gegenseitig verbessernd nach und nach uns eindringen lassen in die Geheimnisse der Luftwiderstandserscheinungen, denen der Vogel sein Flugvermögen verdankt.“

Mit seinem immerfort in vielen Details verbesserten Gleiter gelangen Lilienthal ständig weitere Flüge. Wie die heutigen Drachenflieger lenkte er, indem er sein Körpergewicht verlagerte. Er war auf seine Geschicklichkeit beim Fliegen ebenso stolz wie auf seine Konstruktionen. Glücklicherweise war auch die Fotografie so weit entwickelt, Aufnahmen vom fliegenden Flugzeug machen zu können, sodass die Bilder von seinen Flugversuchen bald um die ganze Welt gingen.

Aus seinen Erkenntnissen machte Lilienthal kein Geheimnis. Im Gegenteil, er schrieb viel und empfing viele Besucher. Am 9. August 1896 machte Otto Lilienthal Versuche mit einem neuen Höhenruder. Die ersten beiden Flüge verliefen wie immer einwandfrei, beim dritten Flug kam das Flugzeug plötzlich zum Stehen, kippte vornüber und stürzte aus 15 Metern Höhe ab. Otto Lilienthal erlitt schwere Verletzungen am Rückgrat. Seine letzten Worte sollen gewesen sein:

„Opfer müssen gebracht werden.“

Fig. 4.

Die Brüder Wright

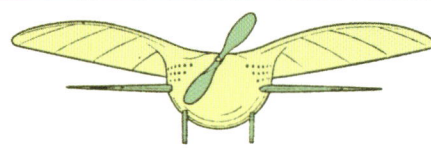
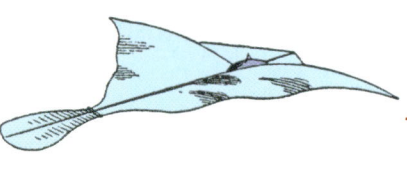

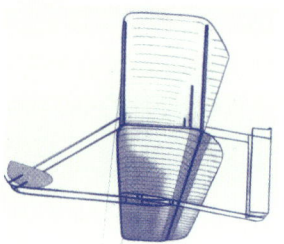

Die Brüder Orville und Wilbur Wright hörten vom Tod Lilienthals. Wie sie später berichteten, war diese Nachricht der Auslöser für ihr wieder erwachtes Interesse an der Flugtechnik. Ihre ersten Versuche mit einem Segler mit verbesserter Steuerung verliefen unbefriedigend. Deshalb bauten sie einen Windkanal, in dem sie über 200 Flügelformen und -profile testeten. Mit den neuen Erkenntnissen bauten sie ein neues Segelflugzeug, das hervorragend flog und mit dem die Brüder Wright viel Flugerfahrung sammelten.

Nikolaus August Otto hatte den Ottomotor erfunden, der von Gottlieb Daimler so stark verkleinert wurde, dass man ihn in ein Fahrzeug einbauen konnte. Aber diese Motoren waren immer noch viel zu schwer, um sie als Antrieb für ein Flugzeug zu benutzen. Doch die Brüder Wright waren clevere Mechaniker. Schließlich ver-

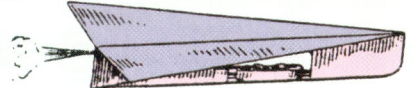

dienten sie ihren Lebensunterhalt mit einer Fahrradwerkstatt. Und so bauten sie selber einen Motor, der für damalige Verhältnisse sehr leicht war: Er wog 100 Kilogramm und leistete 12 PS. Einen Propeller brauchten sie noch, so etwas gab es ja noch nicht. Aber durch ihre Windkanalexperimente hatten die Brüder Wright Erfahrung mit Flügelprofilen. Wegen des größeren Gewichts bauten sie ein größeres Flugzeug mit doppeltem Höhen- und Seitenruder.

Ende September 1903 war es so weit: Orville Wright warf eine Münze, um zu entscheiden, wer den ersten Flug machen sollte. Wilbur durfte sich in den Flugapparat setzen. Er gab Vollgas und als der Motor

die volle Leistung hatte, wurde das Seil gekappt, das das Flugzeug noch festhielt. Nach 12 Metern hob das Flugzeug ab und schlug 30 Meter weiter auf den Sand. Die Zuschauer zogen enttäuscht ab, während Wilbur und Orville Wright stolz waren. Zum ersten Mal war ein Flugzeug aus eigener Kraft gestartet.

Beim zweiten Flug war Orville dran. Zwölf Sekunden dauerte er – immerhin.
Beim vierten Flug waren es dann schon 59 Sekunden. Eine Windbö erfasste das Flugzeug, als es schon gelandet war, und zerstörte es. Aber die Brüder Wright experimentierten weiter.

Im September des Jahres 1905 flogen sie schon 19 Kilometer in 18 Minuten und 9 Sekunden. Und im Oktober 38 Kilometer in 33 Minuten. Endlich hatten sich die vielen Experimente der Brüder Wright und ihrer Vorgänger ausgezahlt. Endlich war es Menschen möglich zu fliegen.

Aber warum fliegt ein Flugzeug? Wir haben verschiedene Experimente gemacht, die das erklären sollen. Sie sind uns nicht alle gelungen. D

Ein Löffel
kann Wasser biegen

Wenn man einen Löffel wie auf dem Bild an einen Wasserstrahl hält, wird der Wasserstrahl nicht nur abgelenkt, sondern auch zum Löffel hingezogen. Dass sich Wasser so verhält, hat vor etwa 250 Jahren der Schweizer Physiker Daniel Bernoulli entdeckt.

Wenn man über einen Streifen dünnen Papiers bläst, hebt die Luft, die über das Papier streicht, den Streifen an.

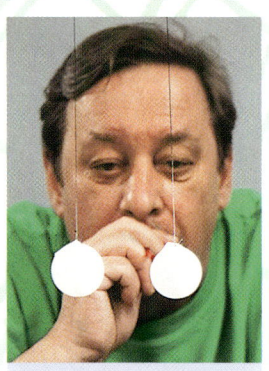

Dieser so genannte Bernoullieffekt wirkt auch beim Auftrieb eines Flugzeugs. Wie diese Kraft wirkt, kann man sehen, wenn man zwei Tischtennis- bälle an Fäden hängt und mit einem Strohhalm in den Zwischenraum bläst. Wie magisch werden die Tischtennisbälle in die Mitte gezogen.

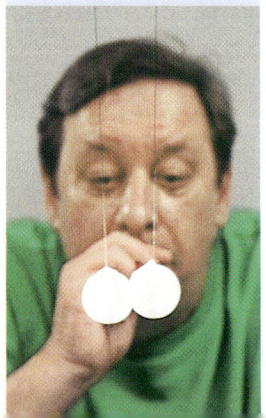

...uns gegangen wie den Flugpionieren. Die hatten sicher viele richtige Ideen, aber aus irgendeinem Grund flog der Apparat dann doch nicht.

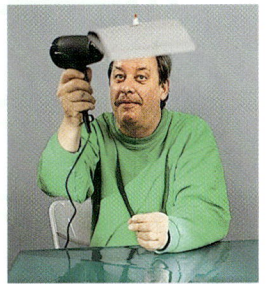

Wir haben dann mit einer Pappe, die wir wie einen Flügel gebogen und durch die wir einen Strohhalm mit einer Schnur gezogen haben, ein kleines Stück Flügel nachgebaut. Dann haben wir es mit einem Föhn angeblasen.

Wie das Experiment mit den Tischtennisbällen wollte auch dieses Experiment zunächst nicht klappen. Als wir es schon fast aufgeben wollten, stieg der Flügel plötzlich an dem Faden hoch.

Warum es zuerst nicht geklappt hat und dann doch, kann ich nicht sagen. Ich kann mir jetzt aber gut vorstellen, wie es den Flugpionieren ging, die vielleicht alles richtig gebaut hatten, aber aus irgendeinem Grund stürzten sie dann doch ab. Das müssen sehr hartnäckige Leute gewesen sein!

In den meisten Schulbüchern wird die Wirkung eines Flugzeugflügels so erklärt: Die Luft, die entlang der Oberseite des Flügels fließt, muss schneller fließen, weil sie einen längeren Weg zurücklegt. Dadurch nimmt an der Oberseite der Druck stärker ab als an der Unterseite. Der Druckunterschied also zieht und drückt den Flügel nach oben. Aber warum sollte die Luft an der Flügeloberseite schneller sein als auf der Unterseite? Und warum kann ein Kunstflieger auf dem Kopf fliegen? Es müssen also noch andere Kräfte am Werk sein. Sehr wichtig ist vor allem der Anstellwinkel: Der schräg gestellte Flügel drückt die Luft nach unten, indem er Kraft auf sie ausübt. Seit Newton wissen wir, dass eine Kraft eine Gegenkraft hervorruft. In diesem Fall die Kraft, die den Flügel nach oben drückt.

Aber auch der Luftstau an der Vorderseite des Flügels und die Neigung der Luft, an der Flügeloberfläche zu haften, spielen eine Rolle, wie auch Wirbel, die sich am Flügel bilden.

Viele Wissenschaftler und Techniker beschäftigen sich mit Flugzeugflügeln. Es gibt aufwändige Computerprogramme, um Flügel zu berechnen. Und trotzdem kann man den tatsächlichen Auftrieb nur im Windkanal ermitteln, so wie das schon die Brüder Wright gemacht haben. Prof. Voit-Nitschmann, der Leiter des Instituts für Flugzeugbau der Universität Stuttgart, sagt: „Das Fliegen gehört wohl zu den Phänomenen, die wir in der Natur beobachten und einfach hinnehmen müssen." Das erinnert mich an einen Ingenieur, der sich in der Lufthansa-Ausbesserungswerft in Finkenwerder neben mich stellte, zu der Boeing, die wir dort filmten, aufschaute und sagte: „Weißt du, Christoph, ich schraube schon seit dreißig Jahren an Flugzeugen rum, und ich wundere mich immer noch, dass diese Blechkisten sich überhaupt in die Luft erheben."

Nach über hundert Jahren Luftfahrt, in denen das Flugzeug zu einem der sichersten Verkehrsmittel geworden ist, ist es immer noch möglich zu staunen: darüber, dass ein Traum wahr wurde.

Von Tomaten im Glas, blauem Sellerie und jubelnden Regenwürmern

Ein Ring aus Kresse

Eine doppelte Lage Haushaltstuch wird nass gemacht. Darauf kann man Kressesamen streuen, die nach ein paar Tagen keimen, wenn man das Tuch feucht hält. Mit den Samen kann man auch einen Kreis machen oder einen Buchstaben. Möglicherweise freut sich ja jemand, wenn er seinen Anfangsbuchstaben aus Kresse zum Geburtstag bekommt.

Ein kleines Gewächshaus für kleine Pflänzchen

Nicht alle Samen keimen so schnell wie Kresse. Tomatensamen brauchen länger, bis sie keimen. Damit ich nicht so oft gießen muss, ziehe ich ein Stück Frischhaltefolie über den Topf. So kann ich auch prima sehen, wenn sich das erste Grün zeigt. Dann muss ich nämlich bald die Pflänzchen in einzelne Töpfe setzen.

Was macht die Plastiktüte an der Zimmerpflanze?

Pflanzen verdunsten das Wasser, das die Nährstoffe in die Blätter gebracht hat, gleich an Ort und Stelle. Das kann man sehen, wenn man über ein paar Blätter eine Plastiktüte stülpt und mit einem Gummiband verschließt.

Eine Tomatenpflanze mit eigenem Regen

Eines von unseren Tomatenpflänzchen haben wir in ein Einmachglas gestellt. Das verdunstete Wasser kann am Glas kondensieren und wieder auf die Pflanze tropfen.

Das ging mehrere Wochen gut, bis das Pflänzchen an den Deckel stieß. Als wir den Deckel aufgemacht haben, fing das Tomatenpflänzchen sofort an zu welken. Erst nach einer Woche hatte es sich von dem Schock erholt.

Wasserversorgung über einen Schwamm oder Fäden

Es gibt aber noch andere Möglichkeiten, Pflanzen feucht zu halten. Wichtig ist dabei immer, dass das Wassergefäß höher steht als der Blumentopf. Als langsame Wasserleitung kann ein Streifen von einem Schwammtuch dienen, gerolltes Haushaltstuch oder Fäden.

Wir haben mal ausprobiert, welcher Faden am besten für die Bewässerung geeignet ist. Dass der dünne Zwirnsfaden nicht so gut geeignet ist, war klar. Dann kam es zum Zweikampf zwischen Paketschnur und Wollfaden. Zunächst lag der Wollfaden vorne, aber dann überholte die Paketschnur und blieb bis zuletzt Sieger. Wahrscheinlich ist beim Wollfaden zu viel Wasser unterwegs verdunstet. Übrigens wichtig, wenn es mit der Bewässerung klappen soll: die Fäden ganz nass machen!

Einer Bohne beim Wachsen zugucken

Wenn man ein Glas mit Haushaltspapier ausstopft, und das Papier feucht hält, kann man zwischen Papier und Glas eine Bohne klemmen und ihr beim Wachsen zugucken. Besonders wie sich die Wurzeln entwickeln, ist hochinteressant. Das sieht man ja sonst nie!

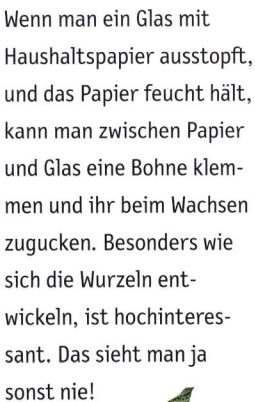

Die Kraft der Bohnen

Eine Hand voll Bohnen (es können auch Erbsen sein) in einen Plastikbecher geben, Gips so anrühren, dass eine dünnflüssige Masse entsteht. Dann den Gips auf die Bohnen gießen, etwas umrühren, abwarten. Zwischendurch etwas Wasser auf den Gips geben. Schon nach wenigen Stunden bahnt sich Ungeheures an. Der Gips platzt immer weiter auf und nach ein paar Tagen wird sogar der Becher gesprengt. Bohnen machen nicht nur stark, wenn man sie isst, sie sind auch selber enorm stark.

Die blaue Spur des Wassers

Die Ergebnisse dieses Experimentes sehen nicht nur schön aus, sie lassen auch den Weg des Wassers in den Pflanzen verfolgen.

Eine Selleriestange und eine weiße Rose haben wir in blau gefärbtes Wasser getaucht und gespannt darauf gewartet, ob und wo die Pflanzen blau werden.

Löwenzahnkringel

Wenn man den Stängel einer Löwenzahnblüte über Kreuz aufschneidet, entstehen lustige Kringel. Dann hat man nicht nur die schöne Blüte auf der einen Seite, auch die andere Seite sieht schön aus.

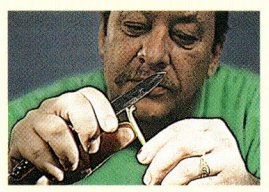

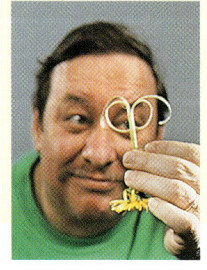

Die wilde Vermehrung der Joghurt- bakterien

Es gibt Lebewesen, die sind so klein, dass wir sie ohne Mikroskop gar nicht sehen können.

Trotzdem sind sie sehr nützlich. Ohne Hefebakterien könnte man keine Pizza machen oder viele Kuchen nicht backen. Joghurtbakterien vermehren sich rasend schnell. Wer erleben will, wie schnell, braucht nur in einen Topf lauwarmer Milch (komischerweise geht's mit H-Milch am besten) einige Löffel Joghurt zu geben. Nach einer Stunde in den Kühlschrank stellen und am nächsten Tag nachschauen. Wenn noch kein festes Joghurt entstanden ist, noch etwas im Warmen stehen lassen.

Agar-Agar

oder die Kunst, Kleinstlebewesen wachsen zu lassen

Erst mal ein Kochrezept: Suppenfleisch oder Knochen in kaltes Wasser geben (kein Salz!) und kochen. Zwischendurch den Schaum abschöpfen. Fleisch oder Knochen rausnehmen und den Topf über Nacht in den Kühlschrank stellen.

Am nächsten Morgen das Fett abheben. Dann wieder kochen, bis etwa die Hälfte der Flüssigkeit verdampft ist. Das wäre jetzt eine prima Brühe.

Aber wir geben Gelatine dazu, um sie fest werden zu lassen, und schütten das Ganze in gut heiß ausgewaschene Glasschüsseln, die sofort abgedeckt werden müssen.

Was jetzt in den Schüsseln ist, nennen die Wissenschaftler Agar-Agar. Das ist das wichtigste Hilfsmittel bei der Bakterienforschung, denn Agar-Agar ist ein idealer Nährboden für Bakterien. Dieses Agar-

Agar kann man jetzt mit Bakterien impfen. Zum Beispiel mit Bakterien aus dem Mund.

Wieder das Glas gut abdecken, dann kann man nach wenigen Tagen sehen, dass im Mund Bakterien waren. Das ist übrigens ganz normal und kein Grund zur Besorgnis, höchstens ein Grund, sich besser die Zähne zu putzen. Wissenschaftler können sogar erkennen, welche Bakterien das sind.

> Wenn man den Finger in Agar-Agar steckt, kann man sehen, welche Bakterien da wohnen.

Meine kleine Farm

Zum Schluss noch ein Geständnis: Ich bin ein leidenschaftlicher Freund der Regenwürmer.

Sie sind nicht nur hübsch, sondern im Garten auch ganz besonders nützlich. Deswegen züchte ich Regenwürmer. Das geht ganz einfach. Man braucht ein paar Regenwürmer, einen Eimer oder ein großes Glas und Futter. Regenwürmer lieben besonders Zwiebelschalen und Kaffeesatz, Eierschalen und sogar Zeitungspapier sind auch willkommen und auch etwas Erde oder Kompost. Im dunklen Keller fühlen sich die Regenwürmer am wohlsten, denn sie sind lichtscheu. Sie mögen es feucht, aber nicht nass, denn sie heißen Regenwürmer, weil sie bei Regen den Boden verlassen.

Alle sechs Wochen verdoppelt sich ihre Anzahl und das Herz des Regenwurmzüchters in mir schlägt höher, wenn ich nach ein paar Monaten das Gewimmel in meiner Regenwurmfarm sehe.

Ganz wichtig:
Die Regenwürmer müssen immer da wieder ausgesetzt werden, wo sie herkamen. Es gibt zwar tausende von Regenwurmarten, aber die wichtigsten sind der Erdwurm, der in der Erde wohnt, und der Mistwurm, der auf dem Misthaufen oder auf dem Komposthaufen zu Hause ist.

Multiversum

Vor etwa hundert Jahren dachten die Naturwissenschaftler, sie müssten nur noch ein paar kleine Probleme lösen, ein paar Experimente machen, und dann könnten sie alle naturwissenschaftlichen Fragen beantworten. Sie unterschätzten dabei, dass eine der noch offenen Fragen es in sich hatte: Wie kommt das Licht und die Wärme der Sonne zur Erde?

Dass Licht eine elektromagnetische Welle ist, wusste man. Eine Welle braucht aber immer etwas, in dem sie sich weiterbewegen kann: Eine Schallwelle braucht Luft, eine Welle im Wasser Wasser. Experimente deuteten darauf hin, dass Licht auch aus kleinen Teilchen besteht. Die könnten sich durch den Weltraum bewegen.

Wie reisen Wärme und Licht durch den leeren Raum?

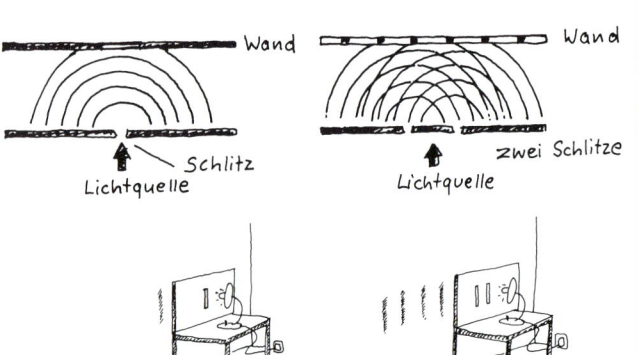

Wand — Schlitz — Lichtquelle

Wand — zwei Schlitze — Lichtquelle

Licht kann also beides sein: Welle und Teilchen. Aber den Physikern wurde bald klar, dass Licht noch viel mehr ist. Wenn man Licht als Welle und Teilchen beschreibt, ist das so, als würde man einen Vogel damit beschreiben, dass er einerseits einen Schnabel hat und Eier legt und andererseits fliegen kann. Aber auch eine Schildkröte hat einen Schnabel und legt Eier, auch eine Fledermaus kann fliegen und von dem schönen Gesang der Vögel war noch gar nicht die Rede. Auf alle Fälle wussten die Wissenschaftler, dass Licht etwas sehr Spannendes und Interessantes ist. Deswegen machten sie viele Experimente mit Licht.

Gibt es neben unserem Universum noch eins oder gar ganz viele?

Der Physiker Hugh Everett hat 1957 ein Experiment mit Licht gemacht, das eigentlich ganz einfach aussieht: Er stellte eine Lampe vor einen Lichtschlitz. Auf der Wand dahinter ist ein heller Streifen zu sehen.
Als er die Lampe vor zwei Schlitze stellte, waren dahinter nicht zwei Streifen zu sehen, sondern fünf oder sechs. Das ist normal, weil die Wellen des Lichts Wellenberge und Wellentäler haben, die sich an mehreren Stellen treffen und so mehrere Streifen erzeugen. Dann versuchte es Everett mit vier Schlitzen. Jetzt waren auf der anderen Seite aber nicht doppelt so viele Streifen zu sehen, sondern nur halb so viele.

Warum? Wenn ein Wellenberg und ein Wellental zusammenkommen, heben sie sich gegeneinander auf. Da ist dann keine Welle mehr festzustellen, keine Lichtwelle, kein weißer Streifen. Die Wissenschaftler nennen das Interferenz. Bei Everetts Experiment haben sich die Lichtwellen also gegenseitig beeinflusst, entweder haben sie sich gegenseitig verstärkt oder ausgelöscht.

Ein Experiment, das auf eine Beeinflussung aus einem anderen Universum hinweist.

Aber Licht ist ja nicht nur Welle, sondern auch Teilchen. Wie verhalten sich die Lichtteilchen, die die Physiker auch Photonen nennen?
Everett hat seinen Versuch wiederholt. Diesmal schickte er nur einzelne Photonen auf die Reise, sodass sich die Lichtteilchen nicht gegenseitig beeinflussen konnten. Und trotzdem zeigten sich die gleichen Interferenzmuster. Was hatte die Photonen beeinflusst? Andere Photonen konnten es nicht gewesen sein. Dieses Experiment haben viele Wissenschaftler gemacht, um Fehler auszuschließen. Sie kamen alle zu derselben Beobachtung. Everett hat dafür eine Erklärung gefunden: Die Lichtteilchen werden von anderen Lichtteilchen in einem anderen Universum, das parallel zu unserem Universum existiert, beeinflusst. Er behauptet, dass es unendlich viele Universen gibt und sich ständig neue bilden. In einem Universum ist vielleicht die Kaffeetasse nicht zersprungen und in einem anderen ist sie zersprungen. In einem Universum bin ich in den Urlaub gefahren, im anderen zu Hause geblieben. Unendlich viele Möglichkeiten und unendlich viel Platz für die Fantasie von Science-Fiction-Autoren.

Sind Zeit und Raum geradlinig oder können sie auch gekrümmt sein?

Aber auch in anderer Hinsicht hat das Licht die Fantasie der Wissenschaftler beflügelt. So haben die Physiker Michelson und Morley Lichtstrahlen einmal in Richtung der Erdbewegung losgeschickt und einmal in die Gegenrichtung. Eigentlich hätte sich ja die Geschwindigkeit der Erdkugel zur Geschwindigkeit des Lichts hinzufügen müssen, sodass das Licht, das sozusagen die Erdgeschwindigkeit ausnutzt, schneller ist.

Bei den Messungen war aber das Licht in beiden Richtungen gleich schnell. Der geniale Wissenschaftler Albert Einstein folgerte, dass das Licht einer Taschenlampe, die in einem fahrenden Schnellzug leuchtet, genauso schnell ist wie das Licht in einem stehenden Zug. Er folgerte daraus, dass die Zeit und der Raum nicht so konstant sind, wie man das bisher annahm. Er sprach von Krümmungen im Raum und davon, dass die Zeit in einem schnellen Raumschiff anders abläuft als auf der Erde. Viele von Einsteins Gedankenexperimenten sind heute durch Beobachtungen und Versuche bewiesen. Seit Einstein sind die Forscher in immer kleinere Welten vorgedrungen, haben herausgefunden, dass Atome aus noch kleineren Teilchen bestehen, die sich immer merkwürdiger verhalten, je kleiner sie werden. Was Einstein und seine Nachfolger erzählen, ist wirklich schwer verständlich. Wie schwer verständlich, kann man sich gut vorstellen, wenn man das Experiment mit dem Band macht, das nach dem Mathematiker Möbius benannt ist.

Das Möbiusband

Alles irgendwie verschlungen ...

Mit einem zwei bis drei Finger breiten und etwa 30 Zentimeter langen Papierstreifen (die Längsseite eines DIN-A4-Blattes) geht es los. Die beiden Enden des Streifens einfach verschränkt zusammenkleben.

So sieht's dann aus:

?

Was wohl rauskommt, wenn man diesen Kringel der Papiermitte entlang zerschneidet?

Das Ergebnis finde ich verblüffend: ein langer Papierring, der wieder irgendwie in sich verschlungen ist.

Aber was, wenn man diesen Ring wieder der Länge nach trennt?

Dass da jetzt zwei Papierringe rauskommen, miteinander verbunden und auch wieder in sich verschränkt, hätte ich mir nicht vorstellen können.

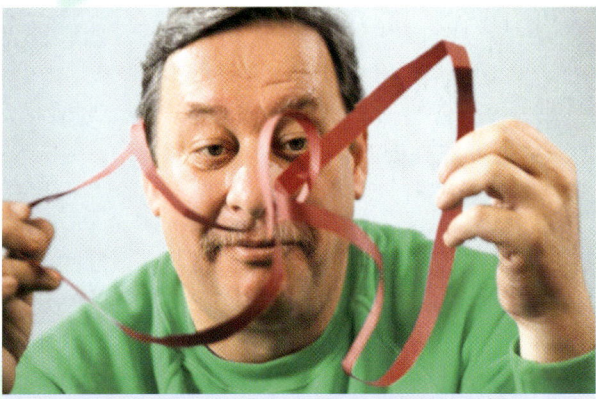

Natürlich ist dieses Band, das nach dem Mathematiker Möbius benannt ist, eine bekannte Sache. Man kann auch ganz genau berechnen, wann wo welcher Punkt auf dem Band ist. Aber ich merke, dass mein Vorstellungsvermögen an Grenzen stößt, wenn ich überlegen soll, was passiert, wenn ich das Band trenne. Deswegen ist das Möbiusband bei Mathematikern und Physikern auch sehr beliebt, wenn es darum geht, zu demonstrieren, wie schwer es uns fällt, uns eine andere Dimension vorzustellen. Wenn die Wissenschaftler dann von Raum-Zeit-Krümmung, von intergalaktischen Schleifen und Ähnlichem reden, können wir armen Normalbrahmanen uns wenigstens denken: „Ja, das ist so ähnlich wie bei dem Möbiusband, alles irgendwie verschlungen!"

Es gibt noch viele offene Fragen

 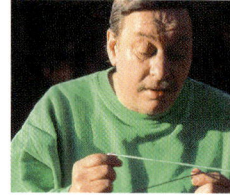

Auch was das Weltall angeht, gibt es einen spannenden Wettbewerb zwischen den Physikern, die Theorien aufstellen, wie das Weltall mit dem Urknall entstanden ist und sich entwickelt, und denen, die mit immer besseren Teleskopen beobachten und so manche Theorie über den Haufen werfen. Was spielt sich da draußen im Weltall ab? Was ist hinter den schwarzen Löchern, die alle Materie und sogar das Licht in sich aufzusaugen scheinen? Viele, viele spannende Fragen, wobei es so aussieht, als würde die Beantwortung einer Frage jede Menge neue aufwerfen.

Noch viele offene Fragen!

Es gibt also genug zu forschen. Dabei muss man sich nicht unbedingt mit Teilchenphysik oder Astronomie beschäftigen. Auch im Alltag gibt es Dinge, die noch der Erforschung harren. So forschen Wissenschaftler in aller Welt seit vielen Jahren an der Beantwortung der Frage, warum in Nussmischungen die großen Nüsse immer oben liegen. Für Leute, die Nussmischungen verpacken, ist das eine hochinteressante Frage.

Auch die Fragen, wie Haustiere spüren, dass ihr Herrchen nach Hause kommt, wie Tauben ihren Schlag auch unter schlechtesten Bedingungen wieder finden oder warum man spürt, wenn man von hinten angestarrt wird, sind noch nicht geklärt.

Welche Kraft bewegt die Wünschelrute?

Vor einigen Jahren habe ich mich für die „Sendung mit der Maus" mit Wünschelrutengehen beschäftigt. Mit einem Weidenzweig bin ich über eine Wiese gegangen und wirklich zog die Rute an einigen Stellen nach unten.

Am besten funktioniert das Wünschelrutengehen mit gebogenen Stahldrähten. Wenn man die locker in der Hand hält, überkreuzen sie sich irgendwann. Die Stelle sollte man sich merken und probieren, ob die Drähte sich immer an derselben Stelle überkreuzen. Ich kann nicht sagen, was die Drähte anzeigen. Es gibt Leute, die behaupten, man könne damit Wasser finden, oder, indem man verschiedene Stellen, wo sich die Drähte gekreuzt haben, markiert, Knoten im Magnetfeld finden. Solche Leute gehen mit den Ruten dann in Wohnungen und finden die Ursache für Schlafstörungen, wenn zum Beispiel das Bett auf so einer Kreuzung im Magnetfeld steht.

Mit dem Wünschelrutengehen kommen wir in einen Grenzbereich der Wissenschaft, in dem viele Leute aktiv sind, die ich ungern als Wissenschaftler bezeichnen würde. Aber dennoch scheint es eine Kraft zu geben, die die Drähte bewegt. Noch wissen wir nicht, was für eine Kraft das ist. Aber vor zweihundert Jahren wussten die Leute auch noch nichts von Radiowellen oder Röntgenstrahlen. Ärzte heilen heute mit so genannten homöopathischen Arzneimitteln, bei denen der Wirkstoff so stark verdünnt wird, dass er so gut wie gar nicht mehr enthalten ist. Trotzdem wirken diese Arzneimittel, wie ich selbst feststellen konnte, oft sogar schneller und

nachhaltiger als herkömmliche Medizin. Auch Akupunktur ist ein wirksames Mittel in der Hand der Ärzte, obwohl keiner genau weiß, wie sie funktioniert. Andere Ärzte und Wissenschaftler finden Homöopathie und Akupunktur nicht seriös und verweisen auf den so genannten Placeboeffekt. Ein Placebo ist eine Pille, in der gar kein Wirkstoff ist. Der Patient, dem man diese Pille gibt, weiß das aber nicht. Trotzdem kommt es oft vor, dass diese Pille dem Patienten hilft.

Warum wirken Pillen, die keinen Wirkstoff enthalten?

Dieser Placeboeffekt wird sehr oft beobachtet, wenn man Medikamente testet. Da gibt man einer Gruppe von Kranken zur Hälfte das Medikament, das getestet werden soll. Die andere Hälfte bekommt ein Placebo. Dabei kommt es regelmäßig vor, dass das Placebo genauso oder besser hilft als das Medikament. Wobei, auch das hat man erforscht, das Placebo besser hilft als gar keine Pille. Wie dieser Placeboeffekt wirkt, ist aber noch weitgehend unbekannt. Das gilt für viele Therapien in der Medizin. Oft weiß man von einem Medikament nur, dass es wirkt, aber nicht warum. Und ob wir Medikamente wirklich in der richtigen Menge und zum richtigen Zeitpunkt einnehmen, bezweifeln viele Ärzte und Wissenschaftler.

Was ist Schwerkraft, Licht, Elektrizität, Magnetismus wirklich?

Aber nicht nur Mediziner wissen, wie wenig sie wissen. Es gibt viele Fragen, die die Wissenschaft nicht beantworten kann: Was ist Magnetismus, was ist Schwerkraft, was ist Licht, Elektrizität, Wärme?

Viele Kräfte und Phänomene können wir sehr genau beschreiben, ausrechnen, messen. So genau, dass wir Flugzeuge, Fernseher, Raketen und Mikrowellen bauen können. Apparate also, die mit diesen Kräften funktionieren. Aber das wirkliche Wesen von Magnetismus, Schwerkraft, Elektrizität und Licht kennen wir nicht. Es ist so, als würden wir von einem Menschen nur wissen, dass er Rad fahren kann.
Selbst eine so allgegenwärtige Substanz wie das Wasser beschäftigt viele Wissenschaftler, die immer Neues darüber herausfinden.

Es gibt also noch viel zu forschen und damit auch zu experimentieren. Ich habe mit vielen Wissenschaftlern gesprochen und ich hatte den Eindruck, dass es ihnen nichts ausmacht, wenig zu wissen. Natürlich wissen wir heute viel mehr als die Griechen vor zweieinhalbtausend Jahren. Wer aber forscht und dabei immer neu über die Natur staunen kann, Neugierde und Entdeckerfreude spürt, freut sich über immer neue Fragen, die er der Natur mithilfe von Experimenten stellen kann.

Ein Gedankenexperiment

Wenn Wissenschaftler in ihren Labors Experimente machen, nennen sie das „Fragen an die Natur stellen". Ob sie in einem Reagenzglas zwei Flüssigkeiten vermengen oder in einem kilometerlangen Teilchenbeschleuniger winzigste Partikel aufeinander prallen lassen – es geht oft um große Fragen: aus welchen kleinsten Teilchen unsere Welt zusammengesetzt ist und woher das Universum kommt und wohin es geht.

Es gibt aber noch ein Universum, in dem die meisten Experimente gemacht werden: der Kopf des Menschen. Da herrscht ständiger Funkverkehr. Was passiert, wenn ich zu spät zur Schule komme? Mag mich mein Freund wirklich? Soll ich lieber Medizin studieren oder erst mal in die Entwicklungshilfe gehen? Hamburger oder Cheeseburger? Zweites Kind? Frage ich den Chef nach der Gehaltserhöhung? Urlaub in den Bergen oder an der See? Und so weiter und so weiter. Ständig überlegen wir. Fragen uns: Was wäre wenn?

Aber wir haben ja Erfahrungen. Deshalb müssen wir nicht jeden Tag ausprobieren, was passiert, wenn wir zu spät zur Schule kommen. Und mithilfe der Erfahrungen können wir viele Experimente im Kopf machen.

Meine Freundin Hilke Rosenboom hat für dieses Buch eine Geschichte geschrieben, in der viele von diesen Gedankenexperimenten vorkommen. Und es stellt sich heraus, dass die Geschichte selbst ein Gedankenexperiment ist.

Das Mädchen im Zug

von Hilke Rosenboom

Es war spät am Abend. Der Zug ratterte durch die Nacht. Vor dem Abteilfenster wirbelten winzige weiße Flöckchen umher. Es hatte seit November gefroren, so als werde der Winter nie mehr ein Ende nehmen.

Die schwarzen Fensterscheiben strahlten Kälte ab. Der Junge musste eingeschlafen sein. Als er die Augen wieder öffnete, fröstelte er. Da sah er das Mädchen.

Sie saß ihm direkt gegenüber und sie schlief mit zurückgelehntem Kopf. Sie war ungefähr in seinem Alter, zehn oder elf Jahre alt vielleicht. Sie trug einen roten Pullover mit einem weißen Rentiermuster und einen offenen weißen Plüschmantel darüber. Ihre Beine in den abgeschabten roten Jeans steckten in Stiefeln aus weißem Fell. Seltsam, dass sie auch alleine unterwegs war. Bestimmt lebten ihre Eltern getrennt, so wie seine, überlegte der Junge. Und nun fuhr sie zu dem anderen Elternteil. Schließlich war morgen Weihnachten.

Bestimmt fuhr sie zu ihrem Vater, überlegte der Junge. Er selbst fuhr auch zu seinem Vater. Das Mädchen sah aus, als habe eine Frau ihr die Sachen zum Anziehen zurechtgelegt. Der Junge hatte einen scharfen Blick für Klamotten, die von einer Frau zurechtgelegt worden waren. Er selbst trug einen dunkelblauen Pullover und dazu eine frisch gebügelte dunkelblaue Kordhose, beides heute Morgen von seiner Mutter zurechtgelegt. Seine Jacke war auch neu. Der Junge sah ein bisschen so aus wie sein Vater an dem Tag, als er bei ihnen ausgezogen war, nur ohne Aktentasche. Seine Fäustlinge waren mit Weichspüler gewaschen und sie waren viel weicher als nötig. Sein Vater hätte seine Fäustlinge niemals mit Weichspüler gewaschen. Sein Vater wusste, dass zehneinhalbjährige Jungen durchaus normal harte Handschuhe tragen konnten.

Das Mädchen bewegte sich im Schlaf. Ihre weißen Pelzstiefel sahen albern aus und neu zugleich. Sie waren ein Geschenk, das war klar, ein vorzeitiges Weihnachtsgeschenk, weil es so kalt war und weil das Mädchen bestimmt keine anderen warmen Stiefel hatte.

Sie konnten nur das Geschenk einer Frau sein, einer Mutter, die wollte, dass ihre Tochter adrett aussah. Der Junge fand, dass die Stiefel ein bisschen so aussahen, als habe jemand darauf gespart.

Die Frau und ihre Tochter lebten bestimmt in der Stadt, denn nur da gab es einen Hort, in den das Mädchen nach der Schule gehen konnte, während ihre Mutter arbeitete. Der Vater lebte auf dem Land, er musste sich ja nicht darum kümmern, ob es dort einen Hort gab oder nicht, denn das Mädchen lebte ja nicht bei ihm. Die Mutter machte sich Sorgen, dass es beim Vater auf dem Land vielleicht noch kälter war als in der Stadt, darum hatte sie das Mädchen überredet, den dicken weißen Mantel anzuziehen. In einer Stadt war so ein Mantel unpraktisch. Einmal damit U-Bahn fahren und er wäre nicht mehr schneeweiß gewesen, sondern grau.

Der Vater des Mädchens war garantiert ein Freiberufler. Auf dem Land gab es schließlich kaum Firmen, in denen er hätte arbeiten können. Wahrscheinlich war das Leben für ihn nicht ganz leicht. Sie saßen in der zweiten Klasse. Wenn der Vater des Mädchens etwas erfolgreicher gewesen wäre, hätte er dem Mädchen eine Fahrkarte erster Klasse geschickt. Und wenn er richtig reich gewesen wäre, dann hätte er vielleicht sogar ein Flugticket springen lassen. Allerdings wären die Flugzeuge bei dem Schneetreiben nicht geflogen. Das sprach sehr für eine Reise mit der Bahn. Der Vater musste das Wetter vorausgeahnt haben.

Arm, wie sie waren, musste der Vater des Mädchens über Weihnachten vielleicht sogar arbeiten. Bestimmt sollte sie ihm helfen. Das Mädchen war hübsch. Der Junge konnte sich gut vorstellen, wie es später einmal aussehen würde. Sie hatte lange schwarze Haare, die ihr wie ein seidener Vorhang auf die Schultern fielen, und dichte schwarze Wimpern.

Bestimmt sah ihre Mutter genauso aus. Einen Mann mit seidigem schwarzem Haar und dichten schwarzen Wimpern konnte der Junge sich nämlich nicht vorstellen. Der Vater des Mädchens hingegen war vermutlich eher dick und groß und hatte die Stämmigkeit seiner Tochter vererbt. Der Junge hatte seine Statur auch von seinem Vater geerbt, die langen schlaksigen Beine und die schmalen Schultern.

Später, wenn er zu einem großen schlaksigen Mann ausgewachsen war und sich das Mädchen zu einer schönen jungen Frau mit langen schwarzen Haaren

entwickelt hatte, könnten sie vielleicht heiraten, überlegte der Junge. Irgendjemanden müsste er ja ohnehin
heiraten, und der Junge war sich sicher, dass seine
künftige Frau bereits auf der Welt war. Vielleicht war sie
das hier. Viele Eheleute kannten einander bereits in
ihrer Kindheit. Unter den Mädchen in der Klasse des
Jungen befand sich seine zukünftige Frau nicht, das
wusste er ganz genau. Von den Mädchen in seiner Klasse
gefiel ihm keine einzige.

Seine künftige Frau könnte natürlich auch acht oder
zehn Jahre jünger sein als er, dann wäre sie jetzt noch
ein Baby. Der Junge zog die Stirn in Falten. Wie langweilig, so ein Baby. Und wohin das führte, konnte man ja
bei seinen eigenen Eltern sehen. Sein Vater war auch
fast zehn Jahre älter als seine Mutter und sie hatten
sich immer gestritten.

Der Junge wollte lieber eine Frau in seinem Alter.
Das Mädchen war hübsch und es sah nett aus. Außerdem
schien sie ja die Ruhe wegzuhaben. Sie würde später
sicherlich immer geduldig auf ihn warten, wenn er in
seinem Job als Astronaut lange Dienstreisen in ferne
Galaxien machen musste.

Bestimmt wollte sie gerne irgendwo im Norden
leben, das sah man schon an ihrem Pullover mit dem
Rentiermuster und an ihrer Vorliebe für die Farbe Rot.
Der Junge hatte einmal einen Film über Forscher am
Nordpolarkreis gesehen und ihm war davon nicht mehr
viel in Erinnerung. Nur so viel, dass die Forscher sich
stets Rot kleideten, dann ging man in Eis und Schnee
nicht so leicht verloren. Der Junge mochte die Farbe
Blau lieber, aber er wollte natürlich auf keinen Fall, dass
ihm seine Frau später einmal verloren ginge, wo sie einander bereits jetzt kennen gelernt hatten, in der Mitte
ihrer Kindheit.

Der Junge überlegte kurz, dann wusste er, dass es
ihm recht war, dass seine Frau in Norwegen oder Schwe-
den oder Finnland oder am Nordpolarkreis leben wollte.
Schließlich würde er selbst ja ohnehin wenig zu Hause
sein. Seine Frau hingegen würde viel zu Hause sein,
allein schon wegen der Kinder. Es war wichtig, dass sie
sich wohl fühlte. Die Kinder würden sich auf jeden Fall
wohl fühlen, denn sie wären das Leben ja nicht anders
gewohnt.

In den Ferien könnten sie ja dann in den Süden fahren, das würde ihnen allen sicher gut tun, nach all der Kälte. Der Junge war einmal mit seiner Mutter in Griechenland gewesen, in Griechenland kannte er sich quasi aus. Wie man auf Griechisch Bitte und Danke sagt, würde er seiner Frau und den Kindern beibringen können und vielleicht noch einige andere Worte. Allerdings mochte er keine Tomaten und das griechische Essen enthielt viele Tomaten.

Das Mädchen sah aus, als ob sie Tomaten nachgerade liebte. Allein ihre roten Wangen. Seine Mutter hatte ihm damals in Griechenland immer vorgehalten, dass er viel zu blass sei und zudem nicht einmal seine Tomaten essen wolle. Wahrscheinlich würde seine Frau genauso sein. Sie würde mit ihm schimpfen, wenn er ihr den Appetit auf Tomaten verdürbe, und seine Kinder würden kichern und sich die Scheiben quer in die Münder schieben und Vampirgebiss damit spielen.

Sie könnten kaum Tempel und Orakel besichtigen, weil sie von Sonnenaufgang bis Sonnenuntergang damit beschäftigt wären, Restaurants zu finden, die Speisen ohne Tomaten anböten, und das würde natürlich gewaltig auf die Laune der Kinder schlagen. Und wozu führte das alles? Der Junge stellte sich vor, wie er schließlich ganz allein an einem steinigen Strand saß, hungrig und müde vom vielen Streit, und seine langen schlaksigen haarigen Beine der Sonne entgegenstreckte. In diesem Urlaub würde er sich kein bisschen erholen. Und das, wo er doch auf die Erholung so angewiesen war. Sein Beruf als Astronaut forderte das Höchste von ihm, unter anderem, dass er immer perfekt erholt war. Wenn er bei der Arbeit unkonzentriert war, könnte das Schlimmste passieren, die Verantwortung für ein Spaceship ist schließlich nicht ohne. Am Ende würden sie ihn rauswerfen und dann stünde er im Regen oder vielmehr im Schnee, mit all seinen Kindern, der unzufriedenen Frau und den dicken Stapeln von unbezahlten Tomatenrechnungen. Er müsste zu seiner Mutter zurückziehen, weiterhin dunkelblaue Kordhosen tragen und seine Kinder kämen ihn über Weihnachten mit dem Zug besuchen, während es schneite, so wie heute Nacht. Der Junge seufzte. Er konnte dieses Mädchen unmöglich heiraten. Das war ja gerade noch mal gut gegangen.

Das Mädchen sah jetzt natürlich ein bisschen traurig aus, wie es so dalag und schlief. In ihrem späteren Leben würde sie gewaltige Probleme haben, einen Ehemann zu finden. Und bereits jetzt hatte sie es ziemlich schwer mit dem Glücklichsein. Vielleicht sah sie ihren Vater nur einmal im Jahr, und das zu Weihnachten. Seltsam, dachte der Junge, dass der Vater zu Weihnachten arbeiten muss, wo er seine Tochter doch nur so selten sieht.

Bestimmt hatte er lange nach jemandem gesucht, der ihn zu Weihnachten bei der Arbeit vertreten konnte. Aber vielleicht gab es so jemanden nicht in seinem Dorf. Vielleicht gab es überhaupt nirgendwo jemanden, der die Arbeit für ihn tun konnte. Wahrscheinlich war der Vater des Mädchens eine Art Künstler. Ein armer Künstler.

Das Mädchen tat ihm jetzt sehr Leid. Es murmelte etwas im Schlaf und drehte den Kopf ein wenig, sodass der Junge nun ihr ganzes Gesicht sehen konnte. Ihre Haut war rosig, und die Nase war richtig rot. Vielleicht war sie auch noch erkältet.

Der Junge reckte den Kopf und versuchte zu sehen, ob sie eine Reisetasche dabeihatte. Aber der abgeschabte braune Beutel auf ihrem Schoß, den sie auch im Schlaf fest umklammert hielt, war das einzige Gepäckstück. Der Junge betrachtete sein eigenes Hab und Gut.

Er hatte einen schwarzen Rucksack und einen ganz neuen Koffer mit Rollen, außerdem noch einen Brustbeutel und eine Gürteltasche für den Gameboy. Der Junge kam sich auf einmal sehr wohlhabend vor, auch bereits heute, wo er sein Weihnachtsgeschenk noch gar nicht aufmachen durfte. Es war im Koffer und seine Mutter hatte es liebevoll in blaues Papier eingepackt. Morgen Abend würde er das Päckchen öffnen. Es waren neue Inliners darin. Sein Vater würde ihm eine Torwarthose schenken und zwei CDs.

Die Eltern des Jungen stimmten sich immer schon im Herbst genau darüber ab, wer ihm was schenken sollte. Sie waren sehr vernünftig und der Junge war es auch. Von der Oma gab es in jedem Jahr einen Geldschein. Er hatte ihn in einem roten Umschlag in der Tasche.

Das Mädchen hatte in dem dünnen Stoffbeutel garantiert kein einziges Geschenk. Der Junge überlegte, was Mädchen in diesem Alter sich wünschten.

Die Mädchen in seiner Klasse wünschten sich Klamotten, ein Pferd oder Sachen für ihr Zimmer. Der Junge war sich sicher, dass der Beutel des Mädchens weder Klamotten noch ein Pferd noch Einrichtungsgegenstände für ein Mädchenzimmer enthielt. Wahrscheinlich bekam das Mädchen zu Weihnachten nur einen Apfel und eine Hand voll Nüsse. So arm waren sie.

Der Junge griff in seinen Rucksack und holte den roten Umschlag mit dem Geldschein hervor. Das war die Idee! Er würde den Umschlag vorsichtig in ihre Tasche stecken, und wenn sie bei ihrem Vater ankäme, würde sie ihn finden. Es war nicht viel Geld, aber für ein paar Kleinigkeiten reichte es, für ein Buch über Pferde zum Beispiel.

Der Junge beugte sich vorsichtig vor. Der Umschlag in seiner Hand zitterte. Wenn das Mädchen nur jetzt nicht aufwachte. Der Zug ratterte und verlangsamte seine Fahrt. Nur noch ein paar Minuten bis zum Bahnhof.

Das Geräusch klingelte in seinen Ohren. Es war eine Melodie. Das klang wie „Jingle Bells", ding, ding, ding. Der Junge hatte keine Ahnung, woher das Geräusch kommen konnte. Oder ob er sich das nur einbildete, weil ihm gerade so weihnachtlich zu Mute war?

Das Mädchen schlug die Augen auf und musterte den Jungen und den Umschlag in seiner Hand. „O nein, bitte nicht! Ich nehme prinzipiell keine Briefe für meinen Vater entgegen!" Sie schob die Hand des Jungen von sich weg und begann in ihrem Stoffbeutel zu graben. Die Melodie wurde immer lauter, ding, ding, ding. Der Junge errötete und lehnte sich zurück, den Umschlag immer noch in der Hand.

Nun hatte sie gefunden, was sie suchte. Sie drückte auf einen kleinen Kopf und hielt das Handy an ihr Ohr. Das Handy war golden mit silbernen Sternen. „Hallo,

Paps!" Ihre Stimme klang genervt. Während sie telefonierte, nestelte sie gleichzeitig die Knöpfe von ihrem Mantel zu.

Der Zug rumpelte und fuhr in den Bahnhof ein. Der Junge lauschte regungslos ihrer Stimme.

„Nein, Paps! Das mache ich nicht mehr länger mit! Gestern sollte ich dich in Oslo treffen und heute Morgen in München. Nein, nein! Ich will nicht nach Köln fliegen, ich will überhaupt nicht mehr fliegen."

Die Augen des Jungen weiteten sich. Die Augen des Mädchens waren dunkel vor Zorn. Sie sprach schnell und laut in das Handy hinein. „Nein, Paps. Ich komme nicht zum Flughafen, ich komme überhaupt nirgendwo hin. Du kommst zum Bahnhof! Und du holst mich hier ab! Beeil dich, der Zug ist gerade eingefahren."

Während der Junge seine Mütze aufsetzte und seinen Rollenkoffer auf den Gang hinausrollte, schien jetzt der Vater des Mädchens zu sprechen. Seine Stimme war ebenfalls sehr laut. Und sehr tief. Der Junge hörte ein Brummen, dann schien der Vater des Mädchens zu lachen: Hohoho.

Das Mädchen lächelte jetzt ebenfalls. „Also gut, Paps, Frieden. Ich warte vor dem Bahnhof. In Ordnung, dann fliegen wir zusammen nach Berlin. Also gut,

meinetwegen, wir fliegen zuerst nach London." Das Mädchen seufzte, dann drückte sie einen Knopf und warf das Handy in ihren Stoffbeutel zurück. Sie lächelte den Jungen kurz an und streckte ihre Hand nach dem roten Umschlag aus. „In Ordnung, ich nehme den Brief für dich mit. Bisschen spät dran, dieses Jahr, was?" Sie steckte den Umschlag schnell in ihren Stoffbeutel, drehte sich um, flitzte zur Zugtür, schob sie auf und sprang auf den Bahnsteig.

Der Junge schluckte.

In diesem Moment sah er seinen Vater, der heftig winkend auf der anderen Seite des Plafonds stand. Der Junge stieg benommen aus. Sie begrüßten einander und drängten sich durch die Menschenmenge zum Ausgang.

„Hast du das Mädchen mit dem weißen Mantel gesehen?", fragte der Junge. „Sie ist vor mir aus dem Zug gestiegen."

Der Vater schüttelte den Kopf. Vor dem Bahnhof lag Schnee. Die Lichter des Tannenbaums auf dem Vorplatz glitzerten. Im Auto war es viel zu warm.

Als sie losfuhren, drehte der Junge sich um und blickte aus der Heckscheibe zurück. Da sah er den Schlitten. Er war mit tausenden von roten Lichtern beleuchtet und er wurde von einer langen Reihe stampfender Rentiere gezogen. Der Weihnachtsmann war eben ausgestiegen. Er lachte, hohoho, und er breitete die Arme aus. Das Mädchen mit dem weißen Anorak rannte auf ihn zu und umarmte ihn.

Der Weihnachtsmann wirbelte das Mädchen herum. Dann kletterten sie beide in den Schlitten.

„Guck mal, das ist der Weihnachtsmann!" Die Stimme des Jungen überschlug sich fast.

Der Vater lächelte. „Ja, Ja, dieser Konsumterror wird jedes Jahr schlimmer. Ich habe ihm gesagt, dass mein Sohn schon zehn Jahre alt ist und lange nicht mehr an den Weihnachtsmann glaubt, aber er wollte mir unbedingt etwas für dich mitgeben." Der Vater griff in seine Manteltasche und zog einen roten Umschlag hervor. „Ist bestimmt ein Gutschein. Oder irgendein anderer Betrug." Der Vater gab Gas, schnitt dem Schlitten den Weg ab und fädelte sich in den dichten Verkehr ein.

Der Junge nahm den Umschlag und spähte hinein.
***

Da kann man mal wieder sehen, was einem alles passieren kann, wenn man Gedankenexperimente macht.

Das ist spannend und ein gutes Rezept gegen Langeweile und Leere im Kopf. Ich hoffe, dieses Buch hat bewiesen, dass Experimentieren Spaß macht. Und Neugierde sich lohnt!

Lust auf mehr?

Spiele,
Quiz
und Christoph

unter

www.christophs-experimente.de

Zum Schluss: der Abspann

Wie bei einem Film arbeiten auch an einem Buch viele Menschen. Ganz besonders dieses Buch hätte ich ohne Hilfe gar nicht schreiben können. Deswegen hier, wie bei einem Film, der Abspann:

Thomas Montasser hatte die Idee, dass ich ein Buch schreiben sollte.
Christian Herrmanny, Andrea Mast und Ulla Böger haben für dieses Buch Informationen zusammengetragen.
Susann Martin hat alle Experimente ausprobiert, fürs Fotografieren vorbereitet und den Überblick über alle Bilder behalten.
Claudia Telschow hat sich durch Bibliotheken gegraben und viele schöne alte Bilder gefunden.
Peter Brandt hat die Experimente fotografiert.
Hildegard Müller schließlich hat alles zusammengesetzt, illustriert und schön gestaltet.

Noch viele andere haben mit Informationen, Tipps und Ratschlägen geholfen:
Dr. v. Elsner, Dr. Wesemann, der Lachclub Köln, Peter Weymar, Bernard Lietaer, Peter Rebernik, Hilke Rosenboom, Charles Greene, Professor Althoff und Professor Siemsen.

Mein wichtigster Helfer und Anreger war aber mein Sohn Lukas, der mir mit seiner Neugierde immer wieder gezeigt hat, wie viel Spaß Experimentieren macht.
Ihm widme ich dieses Buch!

Ende

Bildnachweis

S. 21 (Tod des Archimedes, Kupferstich von Matthäus Merian d.Ä.): AKG

S. 44/45 (Galilei, Farblithographie nach einer Zeichnung von Albert Chereau, Paris): AKG

S. 66 (Hausdach mit Solarzellen): Wagner & Co Solartechnik, Cölbe

S. 67 (Solarturm in Almeria, Spanien): ForschungsVerbund Sonnenenergie PSA/DLR

S. 67 (Solarkocher): Solarinstitut Jülich

S. 79 (Drei Glühbirnen) und S. 80 (Flasche): Göbel-Gesellschaft, Springe

S. 82 und 83 (Porträt Artur Fischer und Produkte): Artur Fischer, Waldachtal

S. 112 (Wahlplakat): Konrad-Adenauer-Stiftung, Sankt Augustin

S. 113 (Bernd Lietaer): Bernd Lietaer

S. 118 (Jakobs Kaffee): Kraft Foods, Bremen

S. 119 (Damm-Projekt): Peter Weymar

S. 134 ff (Pferdekopfnebel): Astrofoto Bernd Koch

Alle anderen Abbildungen sind aus dem Archiv des Autors und alten Buchquellen.

Die Schreibweise in diesem Buch entspricht den
Regeln der neuen Rechtschreibung.

Unser gesamtes lieferbares Programm und viele
andere Informationen finden Sie unter
www.hanser.de

4 5   07 06 05

ISBN 3-446-20339-7
Alle Rechte vorbehalten
© Carl Hanser Verlag München Wien 2003
Umschlag: Hildegard Müller
Lithos, Druck und Bindung: Kösel, Kempten

Printed in Germany

HANSER

Ebenfalls in diesem Verlag:

Manfred Mai
Weltgeschichte

240 Seiten
ISBN 3-446-20191-0

Von den frühen Menschen bis zur Gegenwart – Manfred Mai erzählt die Weltgeschichte mit der Sachkunde des Historikers und der Lebendigkeit des erfahrenen Erzählers. Sein Buch zeigt, wie spannend Geschichte sein kann. Nicht nur für junge Leser.

»

Manfred Mai macht Unmögliches möglich: Weltgeschichte in einer hervorragenden Kurzfassung ... Dieses Buch gehört in die Hand eines jeden Schülers.
DIE ZEIT

Die Kunst des Weglassens entscheidet über die Sinnfälligkeit einer Weltgeschichte auf knapp 200 Seiten. Mai beherrscht sie meisterhaft.
Frankfurter Allgemeine Zeitung

«

Fast mehr noch als seine Fähigkeit, das Riesenthema sinnvoll zu reduzieren, überzeugt sein Talent, Geschichte als Erzähler aufzubereiten. Er reiht nicht Fakten aneinander, sondern lässt Vorstellungen von lange zurückliegenden Zeiten in den Köpfen seiner Leser bildhaft entstehen.
Die Welt

Dr. med. Marianne Koch

Tief einatmen!

Eine Entdeckungsreise in den Körper
144 Seiten
ISBN 3-446-20013-4

Auf einfache, verständliche Weise beantwortet Marianne Koch in diesem Buch Kindern Fragen über ihren Körper und über die Entwicklung der Persönlichkeit. Sie erzählt in anschaulichen Bildern, wie die Organe funktionieren und wie Krankheiten entstehen. So schildert sie den Kampf der Antikörper gegen Viren und wie Tropfen und Pillen die Stellen finden, an denen sie wirken. Ein Antwortbuch, das jedes Kind braucht, um seinen Körper zu verstehen.

Ein echter Wurf ist zu vermelden!
Die Entdeckungsreise in den Körper lässt uns vor Spannung und verwunderten Aha-Erlebnissen beinah die Luft anhalten.
Mannheimer Morgen

Marianne Koch bietet mit ihrem Buch Kindern die Möglichkeit, selbst heraus zu finden, was für ein „Wunderwerk" sich hinter ihrer äußeren Gestalt verbirgt.
Süddeutsche Zeitung

Das ideale Bio-Buch, wenn es um das Thema „Mensch" geht.
Eltern

Es ist ein nützliches und interessantes, ja ein großartiges Buch für Menschen ab 10.
Berliner Zeitung